世纪波
Century Wave

Partner for Performance

Strategically Aligning Learning and Development

绩效伙伴

让战略落地

［美］ 英格丽・格拉-洛佩兹（Ingrid Guerra-López） 著
卡伦・希克斯（Karen Hicks）
易虹　谭雄鹰　徐丽　译

電子工業出版社
Publishing House of Electronics Industry
北京・BEIJING

Partner for Performance: Strategically Aligning Learning and Development by Ingrid Guerra-López and Karen Hicks
ISBN: 978-1562865818

版权贸易合同登记号　图字：01-2018-6072

图书在版编目（CIP）数据

绩效伙伴：让战略落地 /（美）英格丽・格拉-洛佩兹，（美）卡伦・希克斯著；易虹，谭雄鹰，徐丽译. —北京：电子工业出版社，2020.5

书名原文：Partner for Performance: Strategically Aligning Learning and Development

ISBN 978-7-121-38402-8

Ⅰ. ①绩… Ⅱ. ①英… ②卡… ③易… ④谭… ⑤徐… Ⅲ. ①企业管理－战略管理 Ⅳ. ①F272.1

中国版本图书馆CIP数据核字（2020）第029894号

责任编辑：晋　晶
文字编辑：袁桂春
印　　刷：三河市君旺印务有限公司
装　　订：三河市君旺印务有限公司
出版发行：电子工业出版社
北京市海淀区万寿路173信箱　　邮编 100036
开　　本：720×1000　1/16　印张：13.75　字数：169千字
版　　次：2020年5月第1版
印　　次：2020年5月第1次印刷
定　　价：58.00元

凡所购买电子工业出版社图书有缺损问题，请向购买书店调换。若书店售缺，请与本社发行部联系，联系及邮购电话：（010）88254888，88258888。

质量投诉请发邮件至zlts@phei.com.cn，盗版侵权举报请发邮件至dbqq@phei. com.cn。

本书咨询联系方式：（010）88254199，sjb@phei.com.cn。

译者序

我与本书结缘

当打开这本书的时候，你想到了什么？是否会按照惯例，先看一下书的目录，然后再看看书的序或前言，了解一下这本书大概是讲什么的，最后才开始阅读这本书？

作为本书的译者之一，我通过写序的方式，与大家分享这段非常奇秒的翻译与学习之旅。

我一直想写一本绩效方面的书，由于各种原因迟迟未动笔，没想到2018年春天刚过，易虹老师就来找我，提议合作翻译一本书。当听到“翻译”的时候，我有点儿畏难情绪，但转念一想，既然易虹老师来找我，肯定有我能在其中发挥作用的价值，所以就非常好奇地问了一下：“为什么找到我呢？”易虹老师说：“我们想找一本跟企业落地特别相关的绩效评估方面的书，而你又在企业里做了大量关于绩效落地的工作，这种语境是你非常熟悉的。”这些话让我有了尝试的自信，于是答应合作翻译书籍。在确定翻译什么书期间，我们得到了付庆波老师的大力支持，他推荐了《绩效伙伴》（*Partner for performance*）这本书。这就是我跟本书的渊源。

本书的主要内容围绕作为绩效伙伴，你如何理解学习与发展的战略一致性，如何拥有确保学习与发展同战略保持一致的能力与行为，如何知道自己做到了。这对于所有从事企业战略落地、绩效提升、学习与发展工作的专业人士来说，都是一个非常好的专业支持。

学习与发展领域的战略一致性指的是什么

我们经常关注企业的战略一致性。企业的战略一致性是指企业所有的应用、执行、生产、落地、实施、交付、推进等都要跟企业的终极战略目标动态化地结合在一起的过程。在进行战略一致性的过程中，需要考虑很多内部因素，包括系统、结构、人员、技能、财务、共同价值观和实践，同时还要与外部因素（如法律、环境、政策、客户需求、技术发展趋势、经济环境、监管机构或同行及竞争对手）保持一致。忽视这些外部因素会给组织带来灾难性后果。

那什么是学习与发展专业人士的战略一致性呢？本书开宗明义地告诉我们，学习与发展专业人士的战略一致性是指，所有学习方案、学习项目，都必须与组织战略优先级之间有非常明确的、可衡量的关系。注意，这里说的是战略优先级。因为真正的绩效伙伴、真正的学习与发展专业人士，是不会去做表面上看来有效果而实际上对企业战略没有积极作用的事。真正的绩效伙伴会聚焦于战略落地中的关键痛点，就关键的问题去解决和推进。所以，学习与发展专业人士聚焦于战略重点，去做达成绩效目标的学习方案设计。定义中还有一个关键词是“关系”。世界万物之间都有关系，学习与发展专业人士有能力去识别这样的“关系”，并且去定义这样的“关系”，定义关系本身成了绩效目标以终为始的开始，而且关系必须是可衡量的、明确的。

如何成为绩效伙伴

在2019年国际绩效改进协会（International Society for Performance Improvement，ISPI）中国区年会的论坛致辞中，罗开位主席提出一个非常好的问题，让我深有同感：“我在思考，我们这些致力于组织绩效提升的人，2020年是不是意味着我们每位绩效人士自己提升的开始？”我觉得这个问题特别有力量。作为一名国际教练协会认证的PCC

专业教练，当时我就在想："对啊，我们要成为绩效伙伴了，我们要提升什么？"第一层，我们需要真正地转变自身的思维范式，从培训导向——"我有什么解决方案可以提供给你"——转换为绩效导向，这意味着你需要做出思维层面的改变，拥有真正的绩效思维。

真正的绩效思维又是什么？ISPI主席罗斯在年会上与我们分享了绩效改进的四大基本原则——结果导向、系统思考、伙伴关系、价值增值，本书强调的绩效思维三个方面——系统性思维、战略性思维、批判性思维，在我看来与四个基本原则如出一辙。系统性思维和批判性思维很好理解，既然本书是关于如何将学习与发展工作和组织战略保持一致的，那此处我就重点说说战略性思维。

本书第一篇对于战略性思维是有明确要求的，因为我们是实现战略的绩效伙伴。我记得当时在翻译的时候，关于"Strategic Alignment"这个词我始终拿捏不准，到底中文翻译成什么，于是就请教远在美国的付庆波老师，我们两人反复讨论，最终选择把它定义为"战略一致性"。

在此过程中，我们讲的确保战略一致性，要求每一个致力于成为绩效伙伴的专业人士的第一个层面，就是必须"站高看远"。绩效伙伴思考的是CEO要思考的问题，是业务部门领导要思考的业务问题。你必须站在他的层面思考，只有这样，你才有能力和资格用业务的语言跟他进行对话。要做出这样的战略思考，我们必须提升学习发展领域以外的能力，尤其是对组织的业务理解能力，以及对组织业务趋势的洞悉能力。

第二个层面，合作。国际教练协会将"教练"定义为客户的伙伴，通过发人深省和富有想象力的对话过程，激发客户的天赋潜能和职业潜能。所以，作为学习与发展专业人士，当我们成为绩效伙伴时，必须跟业务伙伴开展非常真诚、友好、积极的合作。你的尊重体现在你对伙伴业务的理解，以及对其现有岗位的理解。我们不是帮他去改变，而是帮他与我们一起共同识别业务机会，并且把这些业务机会转化为学习和绩效提升机会，这是本书的重要内容。有点类似于沙因老先生在过程咨询中的方式——我们相信客户是解决自己问题的高手，我们帮助他清晰定义业务目标、分析问题并解决问题，我们是真正的共进退、彼此有高承诺度的伙伴。

第三个层面，学会问正确的问题。在翻译本书的时候，易虹老师对我说："我真心觉得这本书好像是为你特设的。"书里有大量关于如何进行"探寻式提问"的篇章，分享了很多"苏格拉底式"的提问，让读者学会如何用带着欣赏和好奇的提问方式，跟业务伙伴进行对话。在对话过程中不是说"我认为你该用这个这方案""你用这个方案会怎么样"，而是站在"你能帮助我理解吗？你能够帮助我更好地懂你的业务吗"的角度，和业务伙伴一起分析，有哪些信息和数据有利于更加清晰地统观全局，更加系统地思考，能从更独特的角度提问和思考。

本书提供了哪些框架、流程、技巧和工具来支持你成长

战略一致性有四个非常重要的一致性过程：一是与预期保持一致，二是与结果保持一致，三是与解决方案保持一致，四是与实施保持一致。

我特别想展开说一下"与解决方案保持一致"这部分内容。在做了很多培训后，我们经常会为课程寻找培训对象。如果你是绩效伙伴，你根本没有办法预设你的解决方案是什么。例如，某团队销售业绩没有提升或下降了，你不能未经分析就说"销售人员的能力需要提升"或"要改变销售的激励政策"，这都是不正确的。此时你可以利用本书，用它教会你的一整套工具和方法来提升自己作为绩效伙伴的

能力。你需要认真地识别真正的问题和差距究竟在哪里。在此过程中，你需要将批判性思维、系统性思维、战略性思维整合起来，大胆而审慎地使用，让解决方案与差距缩小保持一致。

如果致力于成为一名绩效伙伴，你怎么知道自己做到了

本书的前言、第一、第二、第三、第七章是由我翻译的。其中第七章有一个名为学习与发展战略一致性诊断的表。当翻译这个表的时候，我被深深地震撼了。这不正是我们以终为始的检验吗？这个表列举了作为绩效伙伴的学习与发展专业人士应具有的技能和行为。应用这个表，你可以从15个方面给自己打分，看看自己在哪些方面做得好，哪些方面还有提升的空间。这是一个非常好用的动态管理绩效伙伴行为的量表。我已经开始对照这个量表做自我检视了。

我来自中国电信，在企业转型和发展的过程中，这个表的前三个问题是我经常要思考的问题——整个企业的业务正在发生着什么样的转变？我们所说的战略重点、痛点和焦点到底在哪里？我理解多少业务原理与业务逻辑？通过这样的行为对照，能建立我们对于BEM模型、业务价值链的整体认知并识别痛点，这些是非常重要的，是我们成为绩效伙伴的起点。

在我们企业里，企业大学的工作报告结尾有这样一段话："我们的企业大学，需要以业务发展的结果来检验人才培养的效果。"尽管这个目标定得非常高，但以业务结果的达成来检验人才培养的效果，这是绩效落地的保证。

各位绩效伙伴，你们准备好了吗？让我们携手为中国企业的高质量发展贡献自己的专业力量吧！

谭雄鹰

前言

关于在战略上使培训与业务保持一致的资料相当多。遗憾的是，大多数关于战略一致性的文献，特别是在学习与发展方面的文献都有本质上的瑕疵。目前我们看到的大部分文章、书籍都基于预先设定解决方案的思维模式，其本质就是一种培训的思维模式。人们经常鼓吹组织花在培训上的费用与组织成功间的那种并不紧密的关联，所谓的“战略一致性方法”通常是由以解决方案为导向的分析与设计过程组成的。

你可能会问：“这有什么问题吗？”培训的思维模式说明的是对所熟悉的解决方案的固有偏见，而不是要确保组织成功。虽然分析和设计可能会改变解决方案的表面内容及人们对其的感觉，但它们通常对改善组织的战略结果没有多大作用。如果你选择了错误的解决方案，那么任何分析和设计都不会带来有价值的结果。

我们过去几十年的经验，来自客户、同事和学生的反馈，以及相关研究文献的支持表明，我们能否交付有意义的结果取决于我们是否真诚而积极地与客户合作，解决问题，把握机会。这对我们希望做和交付的工作具有重要意义。

本书致力于帮助从事学习与发展的专业人士建立可衡量的、能促进组织成功的伙伴关系，并提供实用的框架、流程、工具和技巧，以有效实现预期目标。无论是提供帮助还是增加价值，你都需要一种咨询方法。使用这种方法时，你（无论你是在组织内工作，还是作为外部团体向组织提供服务）与客户通过合作来定义、理解和处理重要的绩效问题和机会。这种咨询方法的基础是信任、开放和真诚。如果客户提出了一个你认为不会有帮助（甚至可能让事情变得更糟）的请求，你必须表现出同理心，能够以令人信服的方式与客户沟通。

为客户提供咨询要求你问问题，问很多问题，这些问题基于“帮助我理解”的思维模式，而不是假设你总是有一个完美的解决方案。鉴于客户在任何时候都比你更了解他们自己的状况，你可以通过问一系列问题的方式来开启你与客户的关系，帮助他们认识到问题背后潜在的、相关的症状。

认识到组织的整体性，在组织活动中创造内外部环境的契合，这是战略一致性的关键。以战略为导向的组织不希望将时间、精力或金钱浪费在那些对成功并非至关重要的活动上。这些组织将行动与增值目的联系起来，而增值目的与行动相互作用并使其他活动得到强化。他们仔细考虑如何将资源部署到对组织战略优先级有最大影响的过程中。

如果学习与发展专业人士认为其自身角色不仅是学习服务和学习产品的提供者，还包括与管理者建立伙伴关系，通过找出、共享和使用适时的、相关的绩效数据来支持决策和行动，以此推动绩效与组织战略优先级保持一致，那么他们将获得成功和成长。

为了影响学习与发展专业人士对自己和角色的认知，本书将术语“绩效改进专业人士”和“学习与发展专业人士”交替使用。始终专注绩效，并且扩大改进绩效所需工具和方法的种类是非常重要的。你的价值能否持续，取决于你能否摆脱熟悉的框架、行动、流程、知识，甚至职位和角色，跨出你的舒适区。

本书描述的一致性过程，重点是确保学习与发展解决方案和组织战略优先级之间有明确、可衡量的关系。本书还介绍了一个概念框架，用于评估、设计、衡量学习与发展部门（该部门能做什么及如何做）的战略一致性。

本书内容架构

本书前两章提供了战略一致性的概念框架。尽管两个基础章节可能有些长，但我们相信，在你决定致力于变革方法之前，你必须有一个令人信服的这么做的理由，同时也要对什么是战略一致性、什么不是战略一致性有一个清晰的认识。第一章描述了在不断变化的现实和扩大的环境范围下，学习与发展专业人士必须做出贡献。第二章详细讨论了我们如何实现一致性，以及学习与发展专业人士在寻求支持组织绩效变革及其结果时所需要考虑的关键因素。

接下来，你将了解把学习与发展解决方案和组织战略优先级保持一致的详细过程。第三章介绍了战略一致性的第一个主要阶段，即了解利益相关者的预期。第四章详细介绍了收集经验数据以进一步强化如何定义问题和机会的过程。第五章介绍了如何分析绩效差距背后的原因及其影响因素，并使用这些影响因素来选择创新的解决方案。第六章介绍了设计高效的实施和过渡策略的关键因素。

最后，我们提出了一个框架，用于协调组织整个学习与发展部门，用绩效驱动机制和流程支持组织战略优先级。附录A提供了本书使用的完整工具列表，以便读者参考、复制，或者为所在组织量身定制。

目录

CATALOGUE

第一章

学习与发展的真正价值

组织是我们社会结构的关键组成部分。无论是政府机构、非政府机构、企业、非营利性组织、医疗保健机构、教育机构还是军队，它们都是经济和社会活动的主要引擎。它们的有效运作和我们息息相关。学习与发展专业人士可以在组织可持续成功中发挥关键作用。

组织都有其努力实现的战略目标，以及帮助实现这些战略目标的业务需求。组织总是选择能获得竞争优势并保持可持续发展的战略，组织成员执行这些战略以维持、强化或提高组织的市场地位。那些以更高的效率和更好的效果达到目标的组织认识到了实现各个层级绩效一致性的动态现实及其可能性。

使用绩效驱动流程来提高员工能力的组织已经找到了一种一致的方法，确保正确的人就正确的事情进行沟通，从而更好地将组织计划和服务与其所需保持一致，与组织领导者建立更牢固的关系。这需要学习与发展专业人士进行范式转换，在如何理解其角色，如何通过与管理层更紧密地合作将自己的工作与组织目标、战略保持一致上进行范式转换。随着时间的推移，伙伴关系会不断发展，相关各方开始关注重要的共同需求，并且相信这种伙伴关系将有助于满足这些需求。

明智的组织会将其员工视为组织的竞争优势，因为人能创造出不同。你可以想一想，如果你知道自己会得到优质的服务，你会为此而多花钱吗？你会选择从那些质量不稳定或不可靠的组织那里购买产品和服务吗？作为客户，你会考虑以上这些标准来决定选择与哪个组织开展业务。

学习与发展专业人士的主要职能之一是发展员工能力，使组织从其员工处得到的竞争优势最大化。通过将解决方案的重点放在利用和发展这种优势上，你便可以使学习与发展和业务需求保持一致，从而产生真正的价值。

然而，对组织来说，人才发展解决方案是成功的核心，同时也是一种极其昂贵的方式。如果在选择和设计解决方案之前没有将其与组织战略优先级相关联，组织自然会质疑解决方案的价值。为确保人才发展战略决策的合理性，学习与发展专业人士必须确保组织能从绩效改进工作中获得有形的、看得见的结果。这样做会产生显著帮助组织实现战略目标的解决方案，并为学习与发展专业人士提供他们对组织成功的贡献的确凿证据。作为组织真正战略合作伙伴的学习与发展部门，用文件形式记录这些成功对于自身的成长、可信度的增加和可持续发展至关重要。

学习与发展项目的价值不应该以其预算的大小、举办活动的次数或参与的人数来衡量。这些衡量指标只代表了消耗的资源（金钱）及时间的长短。其真正的价值应来自人员和组织绩效可量化的改进。

范式转换

回顾一下你上次的学习与发展项目，并思考在选择和设计这个项目之前，你对以下问题是否有了明确的答案：

- 影响工作场所员工绩效的因素是什么？它们之间有何关联？
- 这个项目会影响哪些因素？你了解什么？你认为你了解什么？你有什么证据证明它是有效的？
- 在项目结束后，你期望得到什么样的绩效结果？
- 你将如何衡量这个项目对组织绩效的影响？
- 组织架构将如何支持或阻碍你期望看到的员工绩效变化？
- 为实现预期结果，必须对工作环境做出哪些改变？
- 你如何保持理想的工作绩效？

我们相信，绩效改进专业人士可以做出的最重要的范式转换，就是超越以解决方案为导向的思维模式，转而采用以绩效为导向的思维模式，这种思维模式超越了简单满足培训请求的过时方法。对客户提出的培训请求的回复要阐明战略优先级、资源的使用，甚至如何向客户提供产品和服务。

你的利益相关者认为学习与发展项目的作用是什么？组织对学习与发展项目的投资有哪些回报？那些可以阐明战略一致性、可以用绩效数据描述其活动、可以证明资源使用得当的组织在可持续发展和成功方面会有更好的机会。在本书中，我们提供了展示这种一致性的流程，并生成了对学习与发展项目做出合理决策所需的数据。

开拓性思维

当你的组织只是将绩效改进工作视作成本时，你可以用全新的思维方式改变这种看法来推进你的工作。首先，你需要将组织视为一个系统，并扩展你在该系统中所扮演的角色。

暂且先考虑一下你自己的绩效。你的行为或你的工作方式是否对组织环境具有特定性？组织的文化如何影响你与他人的互动、你的工作成果、你对结果的责任感，以及他人对你的期望？你使用的工具和资源如何影响你的绩效？我们这个时代的管理学领军人物之一W.爱德华兹·戴明（W. Edwards Deming）认为，“一个糟糕的系统总是会打败一个好的员工”。这句话描述了组织系统的力量，也说明对绩效改进专业人士来说，思考自己的工作及其对组织绩效的影响，以及对组织中其他人绩效的影响是多么重要。

与工作环境的相互作用会对绩效产生影响。为了成功实施绩效改进解决方案，你必须了解组织的内部结构，以及你的工作如何与这种内部结构相适应。要提高自己处理整个组织的问题及其要素的能力，这一点的重要性再怎么强调也不为过。处理问题的能力固然重要，但还远远不够。你不仅需要查看绩效问题的细节，还必须了解这些问题与系统结构、组织文化及其他关键组织元素之间有怎样的关系。

以人体解剖学为例，人的身体由许多部分组成，但作为一个系统，身体各个部分一起工作、相互作用。你的手臂不能独立于肩膀进行运动。当你感到疼痛去看医生时，医生不仅会检查疼痛的部位，还会检查是什么引起了疼痛。他们也要检查这种疼痛如何影响身体的其他部位？身体的其他部位如何影响疼痛？医生还要检查不同的治疗方案如何作用于疼痛的部位，同时如何影响身体的其他部位？医生还要知道如果同时服用两种药物会对你产生什么影响？正如医生要考虑整个身体一样，当面临改进机会时，你必须考虑组织系统的所有部分。要做到这点，你也可以反过来根据既定目标，通过揭示实现目标的重要因素（及其关系），来启动与组织绩效目标一致的人员绩效改进项目。

在学习与发展项目中，战略合作伙伴关系是部门开展业务的新方式。随着时间的推移，正是你与利益相关者和决策者结成的联盟将确保你所做的工作具有战略价值，并为组织带来预期结果。战略合作伙伴关系还有助于你在影响组织员工绩效的决策中发挥积极作用。如果想在战略会议桌旁有一席之地，你必须作为战略合作伙伴进行主动思考，积极行动。

请注意，你最初参与项目可能是由你的技术专长驱动的，因此你基于技术角度的观点和建议很重要。但是，为了让你的技术专长发挥最大的影响力，你还必须展现出商业头脑和某些个人特质，帮助自己与客户建立信任关系。例如，想象自己正在与高层管理人员开会，高层管理人员关注的是消费者行为模式的变化，以及这些变化会如何影响销售收入，而你的观察重点则聚焦在减轻管理培训生的认知负荷上。你认为这会提升你作为战略合作伙伴的信誉吗?

你拥有关于人们如何学习及表现的专业知识，你应该以一种与你的战略合作伙伴能形成共鸣的方式来交流，从而尽你所能构建他人对你能力的信任，以帮助你获得有价值的结果。

以下列举了在建立战略合作伙伴关系时客户正在寻求的东西，以及你如何展示这方面的技能、行为或特质，你也可以考虑添加你认为重要的其他内容。

- 业务敏锐度:

  —你了解业务发展中显现出来的新需求。

—你懂得业务价值链。

—你用业务术语进行交流（含书面和口头）。

—你了解业务运营的具体背景。

—你知道执行组织战略的必要条件。

—你理解你的工作如何与组织使命相关联。

- 个人特质：

—你与团队合作解决问题和制定决策。

—你有良好的沟通技巧。

—你关心他人。

—你积极主动工作并开发和培育信任关系。

—你真诚地希望为影响解决方案或受解决方案影响的人创造共赢的结果。

你对业务需求和个人需求负责，并可以平衡两者。

—你让自己的工作透明化。

—你积极主动地工作以获得管理层的支持。

- 技术能力：

—你为所有的学习决策提供业务案例。

—你为如何整合整个组织的学习解决方案制订计划。

—你进行需求评估以支持解决方案的选择、设计和交付。

—你为满足当前的业务需求提供及时的学习解决方案。

新一代学习与发展专业人士的基本技能

为了支持绩效改进的逆向工程方法，当你探索如何提高员工和组织的绩效时，了解推动专业技术任务和行为的认知习惯至关重要。这些认知习惯构成你的世界观，从而影响你如何处理专业技术任务。这为你提供了一个强大、灵活且可扩展的基础，用于理解特定背景中的绩效问题，并作为各种情况下选择最佳解决方案的基准。

如果学习与发展部门能为组织提供真正的价值，那么它必须从组织的角度来理解各种问题、事件和后果之间的关系及相互作用。它还必须采用战略性思维来阐明组织的目标、组织现状与目标的相关关系，以及实现目标的最佳方法。批判性思维是系统性思维和战略性思维的基础，那些没有掌握批判性思维基本技能的人不可能在组织内取得更多的成就。同样，合作技能是完成任务的关键，所有的组织都是由员工群体组成的，他们之间必须有效合作以促成事情发生并取得成果。

系统性思维、战略性思维和批判性思维是相辅相成的，新一代学习与发展专业人士必须牢牢掌握它们，以便建立信誉，成为管理层的战略合作伙伴，并为组织增加真正的价值。以上所说的这些技能未必是新技能，但必须从更广泛的角度进一步提高并持续应用。

接下来，我们将深入探讨与这些核心技能相关的具体任务和步骤。请注意，本书虽然没有专门讨论设计思维，但这些核心技能也是设计思维的基础。这些核心技能会在之后与战略一致性过程联系起来。

系统性思维

系统性思维是一门管理学科，它通过检查构成整个系统各个组成部分之间的联系和相互作用来关注对系统的理解。在本书中，我们用术语“系统”，旨在将其作为一个提示：战略一致性要求我们处理整个系统，而不仅仅是各个子系统。解决问题和做出决策的系统性思维方法可以识别某个问题（以及潜在解决方案）对组织不同部门的影响。这是一种思考人员、流程和结构在组织中如何协同的方法，从而找出组织绩效的模式与循环。你可以观察到组织各部分之间的关系和相互作用，而不是看到孤立的绩效问题。这种观点是全面的，并且对于任何绩效解决方案在组织中执行要获得理解和欣赏是必不可少的。对于绩效改进专业人士来说，这意味着客户请求提供解决方案是诊断问题、寻求一致性的触发因素。系统性思维可以帮助你关注绩效问题的根本原因及其性质，并强调哪些举措可以成功地解决问题，哪些举措无益于解决问题，甚至从长远来看这些举措可能会使情况更糟。

战略性思维

战略性思维是从长远的角度来思考问题的解决和决策的制定。拥有战略性思维的绩效改进专业人士从多个时间段出发思考问题，重点通常放在达成预期结果必须完成的任务上。绩效改进的战略性思维方法提供了创造价值的机会，特别是针对组织的战略优先级。在所做的工作与最终为组织增加的价值之间创建关联或匹配关系，可以有目的地促进这一战略价值的实现。战略性思维涵盖坚持客观分析，事先规划，思考人员、流程和结构之间如何匹配，关注组织独特的优势或差异，找出组织现状与未来目标之间的差距，制定恰当的具备一致性的改进措施，从而帮助组织实现预期结果。

批判性思维

绩效改进专业人士运用批判性思维来分析、整合和评估与决策制定相关的信息。批判性思维活动贯穿了整个战略一致性过程，如以下例子所示：

- 根据严重性和紧迫性来开发并确定任务的优先排序方法。
- 应用元认知知识，用以监控自己的绩效。
- 确定信息来源的可信度，并综合这些信息来制定和沟通决策。
- 从多个解决方案中进行选择以确定一个客观、合理的方法。
- 为不同的受众提供连贯、有说服力的论据，以供决策。

合作

在组织中，绩效改进工作需要组织成员高度合作。你与他人合作解决问题，做出决策，执行决策，并评估这些决策的结果。你为大家的共同目标努力，目的是使组织内外的人员获得积极的结果。要想改变别人对你的工作的期望及感知价值，绩效改进的合作方法是至关重要的。它要求涵盖所有利益相关者，并对跨职能的交流和对话给予明确的关注。这种合作关系的建立将激励大家共同努力，帮助利益相关者及组织达成目标，并最终使大家对你工作的认知和效用提高到具有战略意义和价值意义的高度上。

绩效改进工作中的一些合作示例包括：

- 有效聆听以便更好地从利益相关者的角度理解价值，理解绩效环境面临的挑战和机遇。
- 推动团队合作，认可并奖励实现团队和组织目标的成就，而不是体现竞争精神的个人绩效。
- 与组织内其他团队建立合作伙伴关系，并减少筒仓式工作。
- 支持并致力于团队决策，培养团队合作精神，共同承担绩效改进工作的责任。

以上描述的技能里包含了我们向自己、向他人要问的问题，这也反过来形成我们对特定情况和整个世界的看法。问正确的问题是你在工作中可以做的最重要的事情之一，然而，对于学习与发展专业人士来说，做好准备并练习问正确的问题是一件难事，接下来让我们把注意力转向提问的艺术上。

问正确的问题

研究表明，儿童每天会问数百个问题，但随着年龄增长，这个数字会不断下降。这在一定程度上与我们的教育体系有关，教育体系反过来又塑造了社会规范和期望。我们被要求安静地坐着，因为回答问题获得奖励而不是问问题。在上中学的时候，我们问问题的数量呈现明显减少的趋势。有趣的是，一些研究还发现学生的创造力和参与度在这个时期也大幅下降。虽然很难说清它们之间是否存在因果关系，以及其会向哪个方向发展，但随着年龄的增长，提问越来越少的趋势令人不安。

黛博拉·梅尔（Deborah Meier）是一位屡获殊荣的先驱者，她因为学校设计激进的改革而闻名，其教育模式旨在培养探索精神。她在纽约中央公园东方学校工作，梅尔转述了该学校一个三年级学生的故事。该学生描述了所在学校的不同之处："学校感兴趣的是我们不知道的，而不仅仅是我们知道的。"梅尔认为，学校不应仅向孩子们灌输信息，而应教他们如何理解这些信息，以便他们能够解释这些信息，并知道如何运用这些信息。她主要关注的是将孩子培养成为批判性思考者和问题解决者，从而为社会创造价值。梅尔概述了五种思维习惯，作为她的办学理念和办学方法的基础。

- 证据：我们如何知道对与错？什么证据很重要？
- 观点：如果我们从不同角度出发，它看起来会如何？
- 连接：有规律可循吗？我们之前看到过类似的事情吗？
- 推测：如果不同怎么办？
- 相关性：为什么这很重要？

这些思维习惯恰巧是上一节所述基本技能的简单诠释。你会看到它们贯穿于本书所描述的战略一致性过程中。

当然，提问的艺术已经存在了数千年。哲学家苏格拉底创造了苏格拉底方法，它是个人之间的一种合作对话形式，它基于问问题和回答正确的问题来激发批判性思维，并提出假设和想法。苏格拉底被誉为历史上最伟大的教育家之一，他通过提问的方式进行教学，目的是挑战思维的准确性和完整性，这种方法促使人们向有价值的终极目标前进。

这些具有苏格拉底风格的各种问题，可以帮助我们与客户进行实质性的对话，并达成一致的结论。这些问题旨在从合作角度激发人们思考他们认为自己知道的东西。

与任何工具一样，这些问题可能被很好地使用，也可能使用不当。问问题的出发点应该是“帮助我理解”，而不是“我不相信你”，所以要妥善地提出问题，并注意措辞和节奏，尤其是在问“为什么”的问题时。表1-1提供了六种不同类型的问题——澄清概念的问题，探寻假设的问题，探寻原理、原因及证据的问题，探寻观点和看法的问题，探寻影响和后果的问题，同时还列出了每种问题的目的及范例。

表 1-1　苏格拉底风格的问题类型

类　型	目　的	范　例
澄清概念的问题	帮助他人对其论点背后的基本概念进行深入思考	• 为什么这么说 • 这到底是什么意思 • 这与我们一直在谈论的内容有什么关系 • 对此我们已经了解了哪些内容 • 你可以给我一个例子吗 • 你是说……还是…… • 你可以再复述一遍吗
探寻假设的问题	帮助他人思考构成其论点的不容质疑的信念	• 我们还能做什么其他的假设 • 你是在假设……吗 • 你是如何选择这些假设的 • 请解释为什么…… • 你如何验证或反驳这个假设 • 如果……可能会发生什么 • 你是否同意……

续表

类　型	目　的	范　例
探寻原理、原因及证据的问题	帮助他人思考其推理，而不是假设事情是已知的	• 为什么会发生这种情况 • 你如何知道此事 • 你能举出此类例子吗 • 你认为是什么原因造成了这种情况 • 有什么证据支持你所说的
探寻观点和看法的问题	帮助你挑战特定的观点	• 看待此事的另一种方法是……这种方法看起来合理吗 • 有无可替代的方法来看待此事 • 为什么……是必要的 • 谁将从中受益 • 这两种方法之间有什么区别 • 为什么这种方法比……好 • 它的优点和缺点是什么 • 如果比较了……和……结果会怎么样 • 你如何用另一种方法看待此事
探寻影响和后果的问题	帮助你考虑可预见的逻辑推论	• 然后会发生什么 • 这个假设的后果是什么 • 如何将……运用于…… • ……的影响是什么 • ……如何作用于…… • 这如何与我们以前学过的东西相结合 • 它为什么如此重要

在考虑必须问的问题时，心里要记住以下准则：

- 直接。要考虑如何直截了当地问问题。请记住你在向谁提问，问问题的适当方法是什么。

- 开放式还是封闭式。思考自己想知道什么，答案为“是”或“否”的封闭式问题提供给你的信息是有限的。开放式问题将使回答的人能够扩展、解释甚至形成后续问题。尽管封闭式问题可能有助于确认事实，但应该谨慎使用，因为它们通常会缩小你的信息收集范围。

- 方法和策略。提问的价值不仅在于你问什么问题，还在于你如何问。随着时间的推移，你希望能够培养出将不同类型的问题很好地组合在一起的能力。将探寻式问题作为开始，帮助你收集事实和观点（主要是描述性的）。然后继续用探寻式问题帮助你分析潜在的假设、逻辑和证据。最后，用问题做结尾可以帮助你思考未来和其他选择。

- 应避免的问题。尽管你想用一系列提问来更全面地理解问题，但还有一些你要避免的问题。要避免那些诱导被调查者的问题。你也需要避免一次询问多个问题，因为被调查者最终会回答他想回答的那个问题而忽略其他问题。最后，你也需要尽量减少直接问“为什么”的问题，因为“为什么”是理解影响因素和根本原因的关键问题，因此需要谨慎。此外，你还需要深思熟虑如何提出这些问题，以避免给别人留下吹毛求疵或好斗的印象。询问“为什么”这类问题的其他方式包括“告诉我更多关于……的情况”或“你认为……的原因是什么”。

绩效改进专业人士通过问问题而不是直接给出答案来帮助组织。这并不是说你没有有用的答案，而是说通过问问题可以让利益相关者参与合作调查，这个过程可以帮助他们充分理解其处境和组织文化。同时，你也会赢得信任，并在组织的重要问题上与利益相关者达成共识。当你帮助他们拓宽选择的视野时，他们更有可能认识到自己前进的方向，并越来越有动力和信心朝这个方向迈进。

问正确的问题是战略一致性不可或缺的部分，通过问问题收集有用的证据，说明哪些工作做得好，哪些工作做得不好，为什么要这样做，优先事项是什么，以及应如何处理这些问题。你对问题的选择会引导你进入某个特定方向，如果限制了所问问题的范围，那么你收到的信息也就有限。举个限制提问范围的例子，如关注个体绩效的孤立要素，而不是关注组织系统。

关注组织系统

学习与发展专业人士的传统观点几乎只将关注点集中在员工学习上，而没有充分考虑员工的绩效环境。尽管可能对学员特点和偏好等重要因素进行了分析，甚至对培训本身的系统设计进行了分析，包括旨在确认知识掌握程度的知识性测试，但几乎没有针对更广泛的组织环境的分析，而恰恰正是在这个环境中，组织期待员工应用新学的技能。狭隘的关注点使人们错失了影响和评估将学习迁移到工作场所中及提高绩效的机会。

随着时间的推移，尽管首选的解决方案似乎仍然是培训，但现在这种观点已经扩展到以员工绩效为重点了。不断增多的有关“培训迁移”的论述和绩效改进的讨论可以说明这点。虽然这表明取得了一些进展，但尚不清楚这种迁移是否已经充分体现在实践中。真正的绩效观点要求考察整个绩效系统，而非个体绩效。表1-2将关注员工学习的传统观点和关注绩效一致性的观点进行了对比。

表 1-2　关注员工学习的传统观点和关注绩效一致性的观点

关注员工学习的传统观点	关注绩效一致性的观点
行为变化是个体知识、态度与信念的作用	个体知识、态度和信念的形成基于环境中行为交互的循环模式
解决方案主要聚焦于知识、态度和信念，实际行为会随之而来	解决方案主要聚焦于行为，应形成支持行为的态度和想法
绩效可以被孤立地看待，改变发生在个体身上	组织系统的绩效对个体的影响要大于个体绩效对组织系统的影响
改进的目标应该是个人（知识和技能）	改进的目标应该在组织层面（角色、责任、沟通和反馈流程）

要在选择解决方案之前对绩效环境和当前存在的问题进行全面诊断，这样你会有更大的机会找到最佳解决方案。但是，组织绩效的改进并不是以确定正确的解决方案开始和结束的，确定正确的解决方案只是一段更长旅程的一部分。这段旅程包括：

- 绩效衡量的基准（起点）。
- 绩效标准和目标（终点）。
- 基于关键因素和条件（最佳路线和“交通工具”）的可行性替代方案。
- 评估框架（如何衡量我们到达目标）。

从系统角度出发，你可以看到除员工个体绩效之外的更多东西，并明白如果不解决员工相互作用的环境系统，你就无法对他们的绩效产生更大影响。重要的是要记住，学习解决方案仅仅是绩效改进的沧海一粟。

正是在这种背景下，我们提出了一个详细的流程，这个流程将帮助我们把可持续的绩效改进与组织的战略目标保持一致。针对将传统的学习与发展项目与组织战略优先级保持一致，我们探讨了一些和此有着特殊关联的例子，同时也探讨了在不同情况下开展组织更大范围内的一致性改进项目。第二章详细讨论了战略一致性，描述了什么是战略一致性，提出了为什么要这样做，并介绍了如何做。本书其余部分将对这些内容进行详细介绍。

第二章

战略一致性

战略这个术语经常在组织中出现，但很少有人真正理解这个术语。如果你要与利益相关者就应用学习与发展的战略方法进行合作，你必须清楚了解这意味着什么。战略一致性是将组织的应用、执行、生产和交付等一切与其战略目标联系起来的动态过程。它使组织能够优化其资源（人员、时间、资金）和流程，履行其使命，在实现其愿景方面取得可衡量的改进。在进行战略一致性的过程中，组织需要考虑很多内部因素，包括系统、结构、人员、技能、财务、共同价值观和实践。

战略一致性不限于与内部因素保持一致，如组织结构、资源与组织战略目标保持一致，还包括与外部因素（如政府的法律、环境政策、客户需求、技术发展趋势、经济环境、监管机构或同行及竞争对手）保持一致。忽视这些外部因素会给组织带来灾难性后果。事实上，罗杰·考夫曼（Roger Kaufman）认为，真正的系统性思维超越了组织本身，根植于社会层面。

战略一致性的第三个维度是强调战略伙伴或联盟的重要性。通过与具有相同目标的组织建立伙伴关系，可以进一步提高效率，甚至实现创新。当一个组织拥有有利于另一个组织的能力，而另一个组织又不想发展其内部能力时，战略联盟此时可以发挥作用。组织可以通过联盟优势为客户、员工、社区和股东增加更多价值。

本书介绍的流程主要聚焦战略一致性的前两个维度（组织内部和

外部因素），但也不排除包含第三个维度。在组织活动与外部和内部环境的关系中创造契合度，是保持战略一致性的同义词。成功的组织不会在对其成功无关紧要的活动上浪费时间、精力或金钱。以战略为导向的组织将其活动与增值目标联系起来，并强化与其他活动的相互作用。这些组织仔细思考战略，特别是如何将资源部署到对其战略优先级产生最大影响的流程中去。

当谈到战略一致性和绩效时，组织可以从不同的角度来考虑学习与发展部门的目的和范围。从一个角度来看，提高员工绩效包括设计和交付支持绩效改进的产品和服务，如生产和交付内部客户要求的产品和服务。从另一个角度来看，提高员工绩效包括学习与发展部门在组织中的战略作用——致力于调整员工队伍，以执行组织的优先事项。这两个角度代表了职能部门如何选择方法来实施变革，并反过来在组织中推进战略一致性过程。

作为组织中员工绩效的促进者、设计者和管理者，学习与发展部门可以就学习与发展项目做出的贡献及取得的结果做出两种不同的选择。这两种选择之间的区别是非常重要的，因为它影响了你要做的工作、你如何去做，以及你将得到什么结果。学习与发展部门可通过提出相关解决方案（通常由内部客户进行自我诊断）的方法对绩效问题做出反应，也可以通过系统地与战略优先级和机会保持一致来积极主动地影响员工和组织绩效。这两种选择都很重要且互为补充，但必须清楚这两种选择的差别。

从事务型方法向咨询型方法发展，学习与发展专业人士必须打破传统的被动做法，调整其目标、做法、文化和专业知识，以支持组织的战略目标。通过增加组织成员的知识和技能，提供交付价值产出所需的绩效支持，学习与发展专业人士可以并且应该被视为组织战略的促进者和管理者。正是有了这种观点和与之相关的努力，学习与发展专业人士才可以获得决策的话语权，从而以引入人类绩效系统关键优势的方式参与战略决策的选择。这种方式带来的结果是，创造了未曾被发现的新机会及将这种机会资本化。

除了积极规划、设计自己的未来，以及实现目标，你还需要解决计划、目标、标准和规范出现的偏差问题。当偏差发生时，你必须提供解决方案来解决，这是你工作中的反应型部分。即使前期评估你花费了很多精力，但你仍然会被要求对感知到的问题做出反应或回应。

事实上，反应型一致是绩效管理的关键部分。除了根据绩效计划监控当前绩效，你如何解决计划绩效与实际绩效间的差距也是绩效管理的内容。在与经理这样的内部客户一起解决绩效问题时，学习与发展专业人士起着至关重要的作用。你有责任确保自己提出的解决方案完全针对所确定的绩效问题。本书介绍了许多基于绩效衡量和系统观点的工具供你使用，包括绩效评估及分析、设计、实施支持和变革管理，以及为持续改进系统提供反馈的绩效跟踪和评估。

本书解释了主动型一致和反应型一致。第三章、第四章和第五章提供了一套详细的能有效且高效地解决人类绩效问题的流程，确保所选解决方案的战略一致性。第七章通过提供有效的工具，来评估作为组织部门的学习与发展部门是否具备战略一致性，以此帮助组织创造和利用更多的机会。

首先，让我们更清楚地定义问题与机会。

问题与机会

在绩效改进领域，人们经常把问题与机会混为一谈，没有清楚地解释它们之间的关系。一个普遍的观点是，是问题还是机会取决于你的心态。如果你是乐观的人，你看到的就是机会；如果你是悲观的人，你看到的就是问题。这种观点认为，有利的事情（机会）和不利的事情（问题）能够产生相似的可能性。此外，这种观点还假设，只要在分析上花更多的时间，你就会发现更多的机会而不是问题。

然而，花在分析上的时间并不是唯一能够影响你发现问题或机会的因素，它还取决于你在寻找什么。如果你把注意力放在某件事与预定目标的差距或偏差上，那么实质上你是在寻找并识别一个问题，一个适当的解决方案将带给你有利的结果或你想要的结果。如果你把注意力放在观察有利于你达到预期目标的事情上，那么无论是否存在问题，你都可以找到机会。在一本关于战略绩效改进及一致性的书中对问题和机会进行明确的定义至关重要。

在本书中，机会是指一系列情况，这些情况使实施和完成某些事情成为可能。这些情况被认为是积极的，可以推动我们达到预期目标。由于外部驱动而产生机会的例子包括客户生活方式或经济水平发生变化，使组织可能为客户提供更好的且客户仍然负担得起的服务。又如，政府政策或法律的变化可以为组织提供有利的环境，以改变其提供服务、瞄准新客户或为现有客户提供新服务的方式。由于内部驱动而产生机会的例子包括技术变革，使员工能够以新的和改进的方式开展工作，从而实现之前无法达到的时间和成本效益。领导力变革也是常见的由于内部驱动而产生机会的例子，因为它使获取外部客观观点的可能性加大，而无偏见的客观观点可能导致新型的计划和倡议，并推动组织向预期目标前进。

机会可以来自任意方面的任何维度。识别外部机会可以在分析组织优势、劣势、机会和威胁之后，也可以仅仅通过观察和思考与利益目标相关的事件和情况来确定。内部机会可以在任何组织变革（计划内或计划外）中找到，因为它们会提供更快、更好、更经济或更创新的方式推动绩效改进。

在本书中，问题是指现有状态和期望状态之间的差距。问题就是与目标或标准的差距，这些差距需要采取解决方案来弥补。问题通常有多个根因和多个可供选择的解决方案。然而，如果对问题的定义不够明确或问题被忽视时，人们可能会面临重大的挑战，得到负面的结果，但此时人们往往转而去选择解决方案。在许多情况下，看上去相对次要的问题可能只是冰山一角，如果不仔细检查，就会产生严重的负面结果。

从管理者和学习与发展专业人士最初进行的沟通中可以看出，其需求很可能是想得到解决方案，而不是想解决问题。学习与发展专业人士对管理者的请求做出职责性回应（如培训），这种回应并没有首先通过可靠和有效的证据来确定问题，所以就使得问题的解决方案可能带来浪费战略重点资源的风险，接下来便是损害组织绩效，而后果就是学习与发展部门的总体战略价值降低。但这并不意味着从一开始你就不能或不应该考虑解决方案的设计问题，相反，它说明首先确定问题对于解决方案的选择和设计至关重要。设计思维通过产生创新想法来解决问题或发现新机会。当然，你必须保证自己正在解决一个应该解决的问题。

是否值得追求战略一致性

与组织所使用的、所做的、所产出的和所交付的保持一致，可以减少那些可能导致绩效不佳的无效努力、时间和金钱。如果不保持一致，将导致组织成员消极怠工、参与度减少，甚至玩世不恭。经过一段时间后，员工不再相信他们的工作场所可以变得更有战略意义，对他们的领导失去信心，甚至可能离开组织，他们不再愿意付出额外的努力来帮助组织未来的计划取得成功。

从系统的角度看，你必须了解目标人群的工作环境，了解哪些技能被期待目标人群去实施。你也必须了解为什么他们首先要接受培训。

- 你想解决什么问题?
- 选定的解决方案将如何解决该问题?
- 建议的计划的最终目标是什么?

然后，你需要知道要求的培训内容是什么，根据学习者的特点和绩效背景如何进行培训，为了学习者能够运用这些技能并能获得潜在益处，对他们的环境需要进行哪些改变或提供哪些支持。

克拉克（Clark）和艾斯蒂斯（Estes）指出，那些备受推崇的研究小组对绩效改进解决方案进行了调查，发现“在我们认为我们完成的工作与经过科学分析确认我们完成的工作之间存在巨大差距”。美国国家科学院、国家研究委员会和其他独立组织调查发现，大多数组织的变革倡议很快就被放弃了。绩效解决方案的交付分析表明，虽然某些解决方案可能曾经在某个组织发挥了作用，但它们几乎从来没有在其他组织中发挥作用，因为人们没有对解决方案进行鉴定和评估。最终，三分之一的解决方案失败，三分之一的解决方案使绩效变差。成功的绩效改进解决方案确实存在，但它们很少被整合到常用的绩效解决方案中。

组织经历了许多失败的项目，而这些失败是许多相关因素共同作用的结果。我们的经验表明，导致失败的因素可归为两大类。

- 问题与选定的解决方案不一致：当解决方案可提供的服务与目标人群或组织的实际需求之间存在脱节时，常常发生这种情况。在采用可靠且有效的证据来明确定义问题之前就选择解决方案，通常也会发生这种情况。
- 选定的解决方案与实施不一致：即使所选解决方案有解决问题的巨大可能性，但如果实施解决方案和管理变革的策略很糟糕或根本不存在，那么这种情况会阻止解决方案交付所希望交付的内容。

将组织项目失败的大部分原因归结为两大类因素可能听起来过于简单，但重要的是重申每大类因素都由许多相互关联的因素组成，而且这两大类因素通常也会相互作用并导致组织解决方案的失败。

问题与选定的解决方案不一致

有些组织项目的失败是因为项目本身就被选定为问题的解决方案。换句话说，实施该项目或该解决方案的决策是在明确定义问题或进行适当的需求评估之前做出的。需求评估是解决问题的一种方法，这种方法主要侧重于明确问题及提出建议的行动方案。在确定可能的解决方案之前进行需求评估是最有用的，这样可确保解决方案的适宜性，以及与战略目标、战略重点的相关性。这与纳特（Nutt）进行的研究是一致的，他发现决策探索法（一种遵循逻辑和基于证据的解决方案确定法）比将想法强加于人的方法（坚持极端实用主义，并试图让最初的想法合理化或有意义，这种努力是在最初的想法没有潜在效用的证据且有时无意识地忽视相反证据的情况下做出的）更成功。在各种条件下，无论是紧急程度、重要性、资源、初始支持、决策者，部门或决策类型如何，这些研究发现都被得以验证。

从众多方法中选择一种并不像看起来那么简单。社会心理学和行为经济学方面的研究揭露了决策者可能看不到的许多决策偏见，这些偏见可能根植于我们的思考过程中。依赖经验、预感、直觉和便利等偏见使人们最大限度地减少大脑思考并避免艰难的权衡。虽然这可以帮助你更有效地发挥作用，但也确确实实带来了重大风险。表2-1简要概述了一些决策偏见，这些决策偏见可能会妨碍你正确选择绩效改进解决方案。正像你所了解的，需求评估可能会给你一种错误的自信。与任何工具一样，需求评估的应用可能有效也可能无效。例如，在学习与发展项目中，如果从培训需求评估开始，这时的需求评估就是无效的。顾名思义，培训需求评估的重点是培训需求，这意味着此时你已经确定培训是最佳方法，而且你收集的数据只是为了证实你的结论是正确的。培训需求评估可帮助你了解受训人员的概况和偏好，但这种评估不太可能发现与培训无关的绩效问题。如果你没有从全局出发，你可能会错过某些信息。然而，一些学习与发展专业人士总是很高兴并且很自信地为客户提供培训服务。

表 2-1 决策偏见

决策偏见	描　述	减少其影响的措施
当我们定义问题时		
锚定偏见	我们只关注初始信息，未能根据后续信息进行适当调整	• 不要不假思索地接受最初设定的问题框架 • 要考虑问题框架是如何影响所推荐的解决方案的
确认偏见	我们寻求能够确认或重新确认我们的先入之见，看不到甚至丢弃与之相矛盾的信息	• 诚实、坦率地面对自己的动机、假设和先入为主的观念 • 确定你的问题在广度和深度上是否相称，或者是否为否定你的初始假设留有余地
可得性偏见	我们的判断基于可获得的信息，那些越容易回忆的信息，我们就越重视它	• 在查看可获得的信息之前，请先考虑在定义问题时应该提出和回答哪些问题，然后再查看可获得哪些信息及缺少哪些信息
当我们考虑解决方案时		
过度自信偏见	对自己正确的可能性，我们的态度倾向于过于乐观	• 要考虑你的选择在极端和真实情境下会出现的问题 • 要寻找你的选择逻辑的关键证据，并接受“我可能是错误的”的事实
现状偏见	我们倾向于维持现状	• 记住目标：维持现状是最佳方式吗 • 维持现状不是唯一的选择，思考其他选择
风险规避偏见	我们倾向于选择一个十分有把握的选项，而不是我们认为危险的选项	• 通过关注证据并降低毫无根据的恐惧，从而对风险评估保持诚实态度 • 请他人就潜在的风险和益处提出诚实的看法，不要因自己的意见使他人产生偏见

续表

决策偏见	描　述	减少其影响的措施
当我们回顾我们所选的解决方案时		
承诺升级偏见（也叫沉没成本偏见）	即使有明确的证据表明这是错误的决策，我们仍然希望坚持这一决策，因为我们已经投入了很多时间、精力和金钱	• 向那些没有参与初始决策并且没有既得利益的人寻求意见 • 培养组织文化，将错误视为学习机会而不是失败
后见之明偏见	我们往往在知道后果的情况下错误地认为，我们应该可以正确地预测它	• 对获得的结果及相关影响因素进行真实评估 • 反思你设计问题框架和选择解决方案时采取的流程

当然，这并不是说培训不是解决问题的方法。在许多情况下，培训不仅是有效的，而且是必不可少的，甚至是法律要求的。这是为了提醒你要慎重地假设培训是解决大多数绩效问题的主要方法。你也应谨防仅仅因为你的部门或工作中包括了“学习”二字，你便必须提供学习解决方案这种假设。

需求评估这个术语经常与其他术语互换使用，如绩效评估、前期评估、绩效分析和诊断。重要的是要理解，需求评估只是一个框架，用于收集关于绩效结果中特定差距的数据，因此你可以确定一点——现实中存在要解决的真实且可衡量的绩效差距或机会。例如，你目前的销售额与目标销售额之间是否一直存在差距？你经由首次通话即可解决客户问题的成功率是否与目标有差距？你的错误率是否曾经上升？客户投诉数量是否明显增多？你们医院的感染率是否增加且超出可接受的水平？病人的平均住院时间是否超出你们的衡量指标？这对战略一致性至关重要。

依据绩效差距对问题进行定义对解决问题是必须的，但还不够。除了对问题进行定义，你还需要了解为什么存在这些差距。你是否曾经去医生的办公室询问某种专用药品或药物，而医生或护士的回答是：“当然！你想要多少？想要液剂还是片剂？你是不是想要足够的量给你所有的朋友？你喜欢它的味道吗？”如果人们亲身经历这些，你认为大多数人会怎么想？他们会质疑医生的能力吗？医生的伦理道德是什么？他们的动机是什么？

有人提出了问题，这并不代表他们正在分析问题或想进一步了解问题。虽然医生这个例子可能看起来很愚蠢，但它清楚地表明了将信息采集着重于随意的问题上不仅无用，还可能带来危险。有用的分析着重于通过发现根本原因及其影响因素、这些因素如何相互关联、什么样的组织结构或更广泛的系统结构及惯例使问题不断发生来理解问题。提问非常重要，但要收集有用的信息，你必须提出正确的问题。

以医疗诊断过程为例。在诊断过程中，医生会检查你的症状，然后根据其医学知识和经验、已观察到的典型症状，研究各种因素来确认或推翻最初假设。这可能包括在最初假设的引导下，进一步提出问题和进行分析。在这个阶段，医生的问题不是询问病人喜欢什么样的治疗方式，而是要得到有关病情的全部情况。医生获得了能够很好支持诊断的所需信息，他才会给出治疗建议。这不一定需要花费很长时间，但尽职而严格的调查至关重要。当然，可以讨论病人的喜好和选择，但这只能在根据因果关系鉴定出所有的可行选项之后才可进行。

组织的解决方案必须与你要解决的问题的关键因素相匹配。请记住，绝大多数绩效问题是组织层面事件的循环模式化产物。例如，你手中的数据表明销售团队的销售额在下降，于是你快速跳入解决方案，并通过两个关键途径解决问题：首先，重新培训销售团队以确保他们具备行业最佳知识；其次，强化实现销售目标的激励措施。然而，你仍然看不到销售额的显著提升。

为什么销售额没有提升？你从来没有问过"为什么"这个问题。在注意到销售额下降后，你应该立即提出这个问题。这个"为什么"问题可能会揭示那些受训员工没有机会去应用"行业最佳知识"的事实，因为他们的主管正在向他们传递相反的期望，也没有提供与岗位工作相关的反馈和指导。当受训员工脱离培训环境回到客户面前时，他们的主管不鼓励甚至劝阻他们应用"行业最佳知识"。

选定的解决方案与实施不一致

明确定义问题、识别影响因素、选择合适的解决方案为绩效改进提供了坚实的基础，但其他因素仍然可以影响绩效改进。正确地实施改进措施对于成功至关重要，因此不能被破坏。实际上，对领导者或负有组织改进和可持续发展责任的其他人而言，主要的挑战是实施计划中的组织变革。越来越多的研究表明，领导实施的具体行为可能会影响所选解决方案的成败。

管理组织计划实施（也称变革管理）的模型有很多。组织变革实施的有效核心包含三个关键阶段：沟通变革、动员他人支持变革、监控变革的实施。然而，正如我们从前面的讨论中所看到的，任何模型、理论或流程都会因实施人员和实施方式的不同而有很大差异。

沟通变革

实施组织变革的基础，是与组织成员有效沟通变革的需求。如果人们打算采纳变革并让计划成为现实的话，他们必须明白为什么他们被要求改变其日常习惯。通常，当人们不明白要求他们做出什么样的改变和为什么要做出改变时，他们就会产生抵触情绪。而当人们还蒙在鼓里时，会产生一种情绪反应，这种反应源于与困惑和不确定性相关的恐惧、焦虑或压力。变革推动者必须认识到这些潜在反应，并采取措施解决这些问题。针对潜在反应采取的措施是确定谁需要知道什么、何时进行、如何进行，并制订沟通计划，以便于正确的时间将正确的信息传递到正确的人手中。

虽然这可能看起来是常识，但这一步往往被忽视，变革实施往往在没有认真制订和忠实执行沟通计划的情况下向前推进。因此，当又一项变革在人们不知情或不投入的情况下实施时，组织成员会感到惊慌失措。

动员他人支持变革

动员他人在日常活动中采纳组织新方案可能是一项艰巨的任务。人们生来就是被自己的目标——职业目标和个人目标所驱使的。他们对组织新方案可行性的看法受到各自目标、过去经验和预期回报（或负面后果）的影响。那些认为组织新方案有利于其实现目标和利益的人，将更乐意采纳或支持变革。相反，那些认为组织新方案对自身利益和目标形成威胁的人，更有可能抵制变革。

约翰·科特（John Kotter）提议建立一个“变革联盟”来支持变革进程。该联盟主要负责在变革的各个阶段管理变革计划。联盟成员的质量至关重要。其成员必须被认为是有能力的、可信的和有影响力的，而且是领导者、管理者和一线成员的正确组合。“变革联盟”成员必须能够有效地合作，让其他人接受这一变革。领导层的支持及参与的重要性不容小觑，没有领导层的支持，“变革联盟”可能无法应对不可避免的变革阻力。

动员他人支持变革需要的不仅仅是变革联盟的影响力，还需要重新设计组织系统和流程，以支持组织成员接受变革。变革需要有利于变革的工作环境，例如，实施新的销售流程可能需要改变工作职位的描述及激励机制。提供给员工的新工作技巧可能需要主管们提供及时的辅导及对工作的反馈。改变现场作业管理方式可能需要改变监督和评估作业的方式。

监控变革的实施

设立目标和目的及制订计划的重点是激发前进动力，否则，它们就几乎毫无用处。这其中关键的一步是，实施计划中所列出的步骤，这是达到目标你必须做的。不管是对人员、计划还是组织，监控实施是管理绩效的关键内容。管理变革计划的一部分是监控人们是否正在实施新的惯例或行为。此项管理内容不能由一个变革推动者独自完成，甚至也不能由“变革联盟”来完成。在变革实施之前应明确阐述监控方法。要确定清晰的进度指标，以及如何在实施过程中收集、使用数据进行纠错，由谁负责哪些方面。如果整个过程没有一个明确的改进流程，你最终会错失确保成功的良机。

这需要变革推动者、领导者、管理者、一线员工、学习和发展部门及组织其他部门相关成员之间的合作。监控不是指责或怪罪他人的过程，而是一种机制，确保组织在偏离目标时，能及时向那些做出调整的人提供反馈。因此，如果要确保你选择的变革计划能够产生有用的结果，那么你必须以监控的方式来呈现和理解它。

在这种情况下，你希望确保计划在组织各个级别的绩效产生预期的影响。因此，你应该根据组织的正式绩效衡量指标和管理体系，来监控各项计划的执行情况。衡量指标在管理和战略一致性中的作用至关重要，因此值得仔细讨论。

衡量指标的作用

吉尔里·姆勒（Geary Rummler）的著作详细介绍了绩效改进方法，两个关键问题是其著作的主要指导思想：衡量预期结果的变量是什么？我们必须设法管理哪些变量才能获得这些结果？绩效改进采用系统方法对人力和组织绩效及其对客户和社会的外部影响，进行战略评估与调整、评价、管理。绩效衡量是评估和评价的核心机制。需求评估过程提供了衡量差距的框架，并生成绩效数据，以便就如何缩小差距做出合理的决策。这就使你能够将正确的解决方案与正确的问题匹配起来，进而制订有效实施解决方案的计划。你监控这些解决方案，以衡量实现预期结果的进展情况，并提供有关哪些起作用、哪些不起作用和如何回到正轨的反馈。然后，你衡量并报告最终结果，以确保对所消耗的资源及实施人员的承诺负责，接着总结所获得的经验教训，使管理层了解组织变革方向。

学习与发展绩效改进方法的核心是根据所寻求的结果调整相关绩效衡量指标，并询问必须管理哪些变量才能实现这些结果。这将有助于确保基于“什么是重要的，为什么重要”的共同价值观和信念，来衡量内容、使用的数据及如何使用数据。如果不探讨“哪些衡量指标是重要的”的基本假设，那么衡量系统可能会错位，并使其潜在用户感到不满。

到目前为止，本章已经讨论了将学习与发展和组织战略及其重点保持一致的过程的概念框架，这些概念框架也会在本书的其余章节中介绍。最后我们对战略一致性过程进行概括总结。

四个一致性级别

几十年来，罗杰·考夫曼的组织元素模型（Organizational Elements Model，OEM）一直是有关组织一致性的有用且备受推崇的框架。正如我们在本书中所做的那样，考夫曼对目标和方法进行了根本的区分：目标是组织存在以完成任务和交付产品的原因；方法是组织实现目标的方式。方法包括组织用于达成预期目标的过程、计划、项目、活动和资源等。本书采用通用的OEM框架，并对其进行了调整，将目标的三个级别（结果、输出和产品）分别定义为增值级别、组织级别和运营级别。

- 增值级别：最终使客户和社会受益的长期组织结果。通常在描述你所服务对象（客户和外部社会）的理想状态的愿景中陈述，并与规划的战略级别相关联。实现战略目标的过程肯定是长期的，因为它代表着朝理想不断前进的过程。对成功最好的诠释就是朝着理想的方向发展，而不仅仅是实现理想。

- 组织级别：表示组织为实现愿景而做出的具体贡献的结果，通常以组织使命的形式来陈述。实现这些结果可能需要五年（典型的战略规划周期）或更长时间（而且往往是更现实的战略规划周期）。这是传统的战略规划所关注的重点。

- 运营级别：这可能是部门、小组、团队或个人的基本目标。它们促使你完成组织使命。在某些环境（如军事）中，运营结果不仅用于描述基本结果，还用于描述生成这些结果的过程。这些结果的时间表往往以年为单位，或者视给定结果的情况进一步细分为季度和月。

在OEM框架中，方法的其他两个要素是流程和输入。流程包括组织为实现其运营、战术和战略结果所做的任何事情；输入是执行流程所消耗的资源及所有其他组织活动和工作。战略一致性的一个关键思想是，你选择的流程、活动以及你付出的努力必须由你期望的结果驱动，而不是反过来。你不会假设所期望的结果将自动实现，如绩效的改进或行为的变化。因此，你必须使完成工作的方式与要实现的结果保持一致。

在战略一致性的学习与发展背景下，其余的一致性级别可以称为学习级别。威尔·阿尔海默（Will Alheimer）提供了一种有用的方法来研究如何与学习保持一致。培训最大化模型是一个七要素模型，这个模型可帮助人们“开始思考有效的绩效培训看起来是什么样的”：

1. 有效且可信的内容

2. 积极参与学习活动

3. 支持基本的理解

4．支持决策能力

5．支持长期记忆

6．支持学习应用

7．支持坚持不懈的学习

这个有效学习的模型为我们提供了一个视角，通过这个视角我们可以看到这个级别内的一致性。

然后，我们将这个级别特别定义为专注于人类绩效工作者知道什么、做什么以及如何做，特别是他们的知识、技能和行为。从先前提供的定义来看，这个级别并不是一个结果，但它仍然是可观察和可衡量的。这是组织一致性的核心结构，因为它有助于完成组织必须完成的工作，以便在运营、组织和增值级别交付有价值的结果。

战略一致性过程

战略一致性过程将所有这些基本要素和所需考虑的因素整合到一个结构化但灵活的过程中，以确保学习与发展工作和战略目标保持一致，并为决策提供有用的反馈，为你对组织成功所做的贡献提供有力的证据。战略一致性过程以绩效评估为支柱，将需求评估、监控和评价作为绩效管理和改进的基本工具。通过一系列关键问题和活动，该过程提供了一种能与你的利益相关者建立有效伙伴关系的实用方法，这些问题和活动有助于确保你拥有做出最佳决策所需的信息。

战略一致性过程包括四个阶段，这四个阶段是同等重要的，都需要特定的产出才能成功地实现其他阶段（见图2-1）。

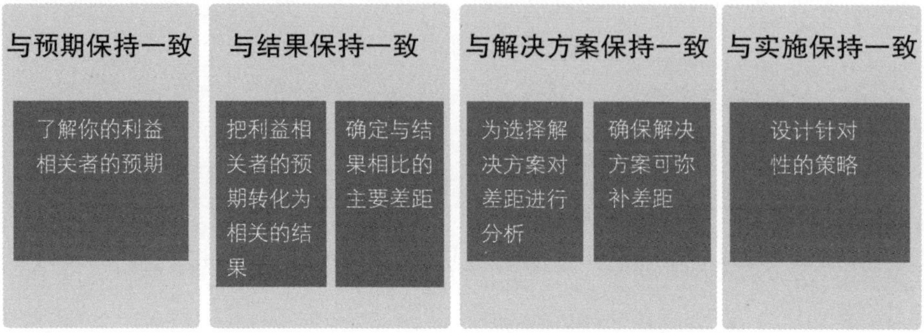

图2-1　战略一致性过程

阶段一：与预期保持一致

阶段一是帮助绩效改进专业人士从不同利益相关者的角度了解他们的预期、需要和可感知的绩效需求。利益相关者包括最初提出请求的人、将对所选解决方案产生影响的人或将受到所选解决方案影响的人，其中可能包括高层领导、一线主管、员工或与改进工作相关的其他职能部门代表。

通过整合相关观点，你将了解什么是或什么将是利益相关者的决策、假设和满意度的驱动力。从某种意义上说，这是创建和管理组织变革的开始，随着人们参与到这个过程中，他们的观点形成了改进工作的重点。最终，这有助于绩效改进团队更全面地了解存在的问题，以及可能影响团队工作或组织计划成功实施的某些因素。

阶段二：与结果保持一致

阶段二可帮助你确定各个级别的结果中可衡量的差距。首先，绩效改进团队与利益相关者合作，将需求和预期转化为学习、绩效、对客户和社区的增值贡献，以及其他影响组织可持续战略的预期结果。许多组织成员发现，根据具体的和可衡量的绩效结果来表达他们的需求是一种挑战，因此绩效改进团队在帮助组织成员将需求与有价值的结果保持一致方面可以发挥作用。

这些结果与组织的战略优先级相关，和组织相关职能、运营、流程及其他核心要素也相关。这是衡量框架的基础，并通过相关的绩效指标提供数据收集的重点。收集数据以确定当前结果和期望结果之间的关键差距，这些关键差距是进一步分析、提出解决方案和实施计划的基础。

阶段三：与解决方案保持一致

在阶段三中，绩效改进团队侧重于对关键差距的深入分析。既然你已经确切地知道需要解决哪些问题以及缩小哪些差距，那么了解每个问题就变得至关重要。问题是什么因素造成的？这些因素是如何相互影响的？外界环境中的哪些因素会使这些反复出现的问题长期存在？这些问题的答案将使团队彻底了解潜在的解决方案能够做什么和交付什么。

确定解决方案的过程应该是协作性的，这一过程从选择、确定与绩效改进解决方案相关和有用的标准开始，包括吸取利益相关者的意见。这有助于确保确定解决方案和选择最佳解决方案的过程不仅由证据驱动，还包括充分了解组织文化和利益相关者的具体需求。最后权衡解决方案，从而选择最有可能以最节约资源的方式获得最佳回报的解决方案。

阶段四：与实施保持一致

阶段四涉及成功的关键因素，这些因素用来有效实施组织改进计划，以确保计划的成功执行、整合和可持续。实施包括推动学习与发展从教学环境转移到绩效环境的具体策略。组织应该实施经过深思熟虑的变革管理策略，包括哪些人需要了解什么、何时了解、如何了解，以及如何获得其他问题的有用信息。

动员策略也应该明确，而且必须与有效实施组织改进计划保持一致。是否应该组建核心小组或变革联盟以支持变革？如果是这样，谁将参与并以何种方式参与？动员策略还可能包括确定职位描述、反馈机制、绩效评估和流程重新设计的含义。最后，必须定义一个明确的监控计划，以跟踪组织改进计划的进展。监控计划应包括必须跟踪哪些数据、收集数据的频率、谁何时应该使用这些数据，以及如何将这些数据应用于纠正或改进行动。

在本书的其余章节中，我们将详细介绍战略一致性过程的四个阶段，同时，我们将以同事卡伊的案例为例进行研究，卡伊是内部组织发展顾问和绩效改进专业人士。

案例研究

卡伊在一家中型金融服务机构InsCo1担任内部组织发展顾问，其致力于绩效改进工作。卡伊每天的主要工作包括为利益相关者提供咨询服务，咨询内容是为项目的设计、交付和实施做计划，然后设计、交付和实施解决方案。

请求

卡伊接到杰西的电话，杰西是InsCo1理赔部门的运营经理。杰西首先描述了理赔团队缺乏团队合作和自动离职率高的情况。然后，她请求开展团队建设培训以鼓舞士气。卡伊同意下周与她见面。

通常，卡伊会首先对杰西提出的团队建设解决方案的设计和实施进行讨论。这对于保持与杰西的良好工作关系非常重要，因为卡伊不希望因拒绝她的请求而“放弃这笔生意”。

然而，卡伊还希望学习与发展部门能够在战略上与理赔部门的业务保持一致——必须找到一种方法与杰西建立良好的合作关系，保持业务发展，并致力于更好地与业务保持一致。卡伊这次决定用稍微不同的方式来策划这次见面。

调查

卡伊着手确定InsCo1的使命、愿景和目标，以便了解组织目前的情况及未来的发展方向。

- 愿景：创造安全、稳定的未来。
- 使命：成为所有利益相关者和股东们最值得信赖的保险供应商。
- 目标：

—到2020，年完成InsCo1与新收购的InsCo2的全面整合；

—到2021年，所有运营岗位员工的年自动离职率降低7%；

—每年外部监管机构零罚款；

—在每次报表周期均获得好、非常好或极其优秀的信用评级；

—提高作为可信赖的保险供应商的声誉。

为了更多地了解InsCo1的工作环境，卡伊做了进一步调查。她了解到，该机构雇用了5 000名专业人员，这些人员分布在美国的五家公司。InsCo1最近收购了InsCo2。公布在公司网站和休息室的海报上的公司价值观是：

- 以客户为导向；
- 以绩效为基础；
- 开放且持续的沟通；
- 团队合作。

公司网站还刊登了首席执行官注重组织文化（“以执行为本”）的相关信息，对首席执行官来说，这种文化代表了对执行力的重视，要求员工在第一时间把工作完成好。

卡伊熟悉理赔部门，以及该部门如何将其工作与新收购公司的工作相结合。卡伊利用这些信息制订了一个计划，以便更多地了解理赔部门目前遇到的绩效挑战。这次见面将成为战略一致性过程中阶段一——与预期保持一致的一部分。

第三章

与预期保持一致

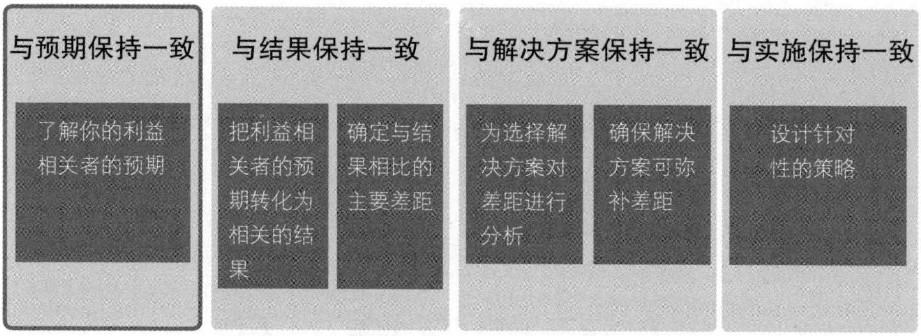

不管一个组织多么团结统一，其成员对组织现在应该做什么或应该如何做的预期可能并不一致。通过了解并思考客户想要达到的目标，以及他们预期在目标达到后实现什么结果，学习与发展专业人士可以提高绩效改进工作的成功率。即使所有利益相关者都想解决干扰绩效的问题的这一假设是确定的，但由于利益相关者对实际问题的看法不同，因此他们对解决方案常常有不同的预期。只有理解这些预期并对组织成功有了清晰定义之后，你才不至于失望。这是为什么与预期保持一致是战略一致性的首要阶段。

与预期保持一致阶段是你发现利益相关者对价值的预期（他们的需求、偏好、优先事项及观点）的机会，要协调、整合不同观点，以确保你能够获得积极、有意义的回报。表3-1列出了要实现的目标，以及为实现目标而设计的活动。

卡伊运用战略一致性过程技巧了解了杰西的预期及驱使她做出决策和假设的原因。像这家公司的大多数人一样，杰西希望这个项目取得成功，所以卡伊考虑了杰西会如何定义成功及她可能承担的结果。

表 3-1　与预期保持一致：目标和活动

要实现的目标	为实现目标而设计的活动
• 从对各利益相关者有利的角度去理解预期和可感知的绩效需求 • 从对各利益相关者有利的角度去理解什么正在或将推动利益相关者做出决策、假设并获得满意	• 与最初的请求提出者和其他利益相关者开展探讨会 • 整合各种观点
• 加深对可能影响你工作的问题与因素的理解，获取相关信息 • 了解绩效背景	• 绘制描述整个组织层面绩效问题的图表 • 定义工作需求的一致性标准
• 搭建与利益相关者建立和发展合作工作关系的平台	• 建立伙伴关系，获得承诺，并为你的团队定位角色和确定职责
• 不断反思自己的工作	• 不断核对“与预期保持一致”清单以评估绩效

了解利益相关者

了解利益相关者及其利益是学习与发展专业人士强化自身战略价值主张的关键切入点。如果不了解利益相关者的观点和优先事项，那么你很难向他们提供帮助。利益相关者往往对组织的有限资源提出具有竞争性的要求，无论是财务上的、精力上的，还是时间上的，不同的利益相关者会在应该于何处使用及如何使用这些资源上持有不同意见。因此，重要的是要记住，在利益相关者任何一个决策的背后，都有着对资源分配独特的，甚至可能狭隘的考虑。

根据利益相关者在组织中所处的地位，影响他做决策的因素可能有所不同。例如，在组织结构图中位置越高的管理人员，他对组织整体结果的责任就越大，他越愿意去解决“业务”或“组织结果”的问题。因此，如果你能够通过共享资源（可能是资金和时间上的资源）来实现战略一致性，并帮助他获得其负责的组织结果，那么你可能在影响这个利益相关者方面获得更大的成功。

一个人与某一特定产出或流程的关系越紧密，那么他对确保成功交付特定产出或流程的兴趣就越大。例如，某主管可能负责“患者需求即时应答率”或“到医院就诊的即付费的患者数量”或“窗口构建”，他很可能会被说服进行资源共享（可能是时间和精力上的资源）以仔细研究实际绩效差距和驱动其团队绩效的根本原因。组织问题对于这位主管来说可能是次要的，所以他的观点和优先事项看起来可能与经理不同。

关键利益相关者

仔细确定那些参与定义问题、选择或开发解决方案的关键利益相关者至关重要，因为他们将有助于确定你的工作范围，并为构建有效的解决方案提供标准。那么你如何确定你的利益相关者呢?

这里的利益相关者是指关注战略一致性过程或对其感兴趣的任何人，可以是高管、经理、员工、董事会成员、战略合作伙伴、投资者、政府、监管机构、客户或社区。并非所有的利益相关者都必须参与每项战略一致性工作，也可以这么说，根据工作的重点和范围，你要确定需要参与的合适的利益相关者。一些有助于识别利益相关者的基本任务包括：

- 描述出现的问题（根据请求者的最初请求）。
- 列出哪些个人或群体最可能受到问题（以及潜在的解决方案）的影响。
- 列出谁对推动组织变革的影响最大，以及他如何发挥影响作用。
- 列出可能视潜在变革为消极或威胁的人及原因。
- 确定在争取这些人参与上存在的潜在障碍。

利用利益相关者表（见表3-2），卡伊做了一些有关杰西所描述问题的初步说明，然后确定了可能影响该项目或受该项目影响的人，并提出了有关实施中的潜在障碍的初步想法。

表 3-2　利益相关者表

最初的问题是什么	理赔部门的运营经理杰西打来电话，要求为理赔部门的同事进行团队建设培训。她认为该部门内部缺乏团队合作，理赔员工的自动离职率高
哪些个人或群体可能影响这个项目或会被这个项目所影响	• 理赔部门的运营经理 • 理赔员工 • 投保人 • 保险代理 • 运营总监 • 首席行政官
谁是有影响力的变革推动者？描述他们可能产生的影响	• 理赔部门的运营经理，即最初提出请求的人，有动力改善团队合作并减少部门的人员流失 • 保险代理，即公司的主要客户，A 级代理可能影响流程 • 首席行政官，有高层领导支持，项目更有可能获得资源

续表

哪些个人或群体可能会抵制变革？为什么	• 运营总监，对使用资源持谨慎态度
采纳变革的潜在障碍是什么	• 理赔部门目前工作量大，人员短缺。必须将解决方案结合到理赔员工的日常工作中，因为看起来他们不可能暂停手头工作

识别某一项目的关键利益相关者的另一种方法是绘图，绘图的根据是人们对战略一致性项目成功的相对影响力和重要性。为此，你可以开发一个矩阵，帮助你清楚地确定各利益相关者的影响力和重要性（见图3-1）。

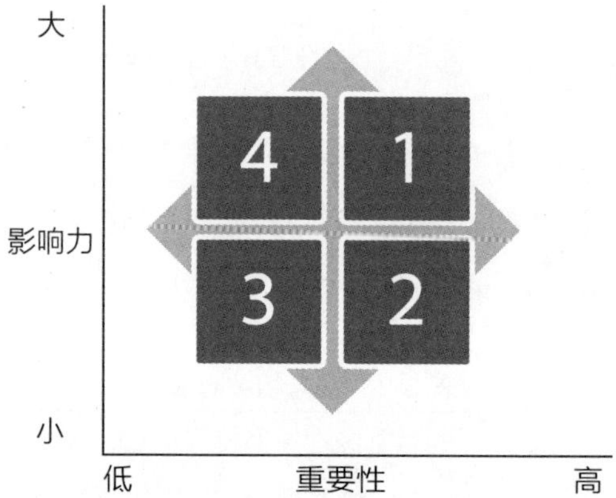

图3-1　利益相关者矩阵

- 第一象限：这些利益相关者的影响力大、重要性高（如领导层、关键经理或主管），需要他们充分参与战略一致性过程。
- 第二象限：这些利益相关者的重要性高，但影响力小（如直接受到绩效解决方案影响的员工），但是，仍然需要通过对他们进行适当的指导和沟通来了解情况。

- 第三象限：这些利益相关者的影响力小、重要性低，但是，他们仍然应该受到关注，因为他们的相对位置可能随时发生变化。例如，这些人的角色可能发生变化，这样他们在组织内的影响力可能会增大，他们可能对资源拥有更大的决策权。虽然组织中的许多成员可能属于这个象限，但你希望主要关注那些有可能影响他人（无论是正式的还是非正式的）的人。
- 第四象限：这些利益相关者的影响力大，但重要性低。应该以适当的认可来确保他们满意，并使他们成为认同者或支持者。这也将增加你的可信度和影响力。

稍后，本章将提供有关如何与主要请求者（最初与你联系以寻求帮助的人）确定潜在利益相关者的更多信息。通过列出这些利益相关者的初步名单，你可以了解他们对该项目的相对重要性，以帮助你确定该如何该处理与每个利益相关者的关系。

重要的是要记住，这张图不是静态的。利益相关者的重要性和影响力也会发生变化。有效地管理你与利益相关者的关系对于解决组织面临的各种问题至关重要。要成功地管理你与利益相关者的关系，请考虑以下原则：

- 识别并积极关注利益相关者的预期，并在有关战略一致性活动的决策过程中考虑他们的利益。
- 倾听并坦率地与利益相关者就其关注点、贡献，以及他们同意参与项目所承担的风险进行沟通。
- 认识到利益相关者的努力和回报之间的相互依赖性，并考虑各改进方案的风险和不足，努力实现利益和风险的平衡。

以下部分讨论了利益相关者的预期，以及可能影响利益相关者的各种因素，从而更好地帮助你关注和管理与利益相关者的富有成效的关系。

利益相关者的预期

科里·帕特森（Kerry Patterson）、约瑟夫·格雷尼（Joseph Grenny）、罗恩·麦克米兰（Ron McMillan）和艾尔·史威茨勒（Al Switzler）在他们的畅销书《关键冲突》（*Crucial Confrontations*）中说，世界上的许多冲突——无论是组织失败、家庭破裂，还是国内动荡，都源于违背了预期。通常这些预期破灭的原因是我们假设其他人要么知道我们的预期，或者认为我们知道别人对我们的预期。我们可能会想，“如果他们足够聪明，他们会知道我的意思”，或者“如果他们足够仔细，他们会在盲目采取行动之前进行更深入的研究”，或者“如果他们积极主动，他们早就解决了这个问题，那就避免了今天的混乱局面”。我们理所当然地认为，我们的视角和观点是独一无二的，我们假设，对我们来说非常清楚和真实的东西似乎对其他人来说同样是显而易见并合乎逻辑的。当然，事实上在生活中，这并不是一个妥当的假设。

理解不同利益相关者的优先事项、他们可能的基本假设，以及如何在战略一致性过程中的某些具体方面开展合作，帮助他们离实现其目标更近。这些都是关键，目的是以绩效为中心，做出战略一致性的协作决策，以便更好地与请求者提出的问题相匹配。

在提出培训或学习解决方案请求时，利益相关者所持有的常见假设是，如果他们的员工没有做他们应该做的事，那么这些人肯定是因为不知道该怎么做，或者他们不想这样做。基于这样的假设，利益相关者认为给员工提供更多的知识便可以纠正这种情况。许多利益相关者可能没有接受过足够的相关教育，对人类和组织行为没有深刻理解，因此不可能觉察到工作场所中影响员工绩效的诸多因素，也就无法识别这些因素，或者他们不能准确地表达他们观察到的现象，他们只是说“人们不知道如何去……”或“人们需要学习……”提高利益相关者对绩效影响因素的觉察是非常重要的。提高的方法最好适用于每个利益相关者群体，没有技术术语，试用范围广且易理解。

利益相关者的另一个假设可能是，任何类型的前期分析或调整所实际花费的时间都比可使用的时间要多，因此，利益相关者把前期分析和调整视为超出规定“采取行动”。实际上，有效和高效地交付预期结果要比立即采取行动更重要。立即采取行动可能会带来一种虚假的自信心，因为你和利益相关者都认为你正在朝解决问题的方向前进，而事实上你并没有获得任何结果。立即采取行动不应该与效率混淆，当然也不能与有效性混淆。有效性是要获得你想要的结果，而效率则是做得更好、更快。你需要帮助利益相关者明确他们要达到的目标以及什么会使他们达到目标。只有这样，你才能识别出高效的解决方案。幸运的是，你可以立即采取行动解决问题，并始终保持效率和有效性。要做到这点，你可以通过明确定义要做出的决策、理解做出决策所要回答的相关问题及收集需要的信息来进行。战略一致性过程依赖于这一前提。

利益相关者第三个一般的假设是，培训部门只能在培训方面提供帮助。一些利益相关者可能认为培训就是开发学习产品或举办工作坊，这样的想法源于培训行业以前的一些过时做法，这些做法把学习与发展项目和组织的现实情况、员工面临的挑战隔离开来。如果通过向组织交付最终结果并提供可论证的跟踪记录，来建立自己的战略合作伙伴关系，这种情况便会发生变化。如果能采取咨询式的问题解决方法，你会帮助利益相关者采用批判性思维来更好地确定关键问题和合适的解决方案。如果能从更大范围上理解组织问题并帮助利益相关者选择能提供结果的解决方案，你将赢得信任。

影响利益相关者预期的因素

利益相关者倾向于维护自己的利益，但这并不一定意味着他们有其他隐秘的计划。相反，这意味着对需要解决的问题或需要处理的机会，不同利益相关者的立场可能不同。他们会根据自己对价值的定义的不同，或赞同或反对组织其他成员的观点。

随着组织环境的变化，价值的概念也是变化的，但基本可被理解为是对利益相关者具有潜在价值的东西。对价值的理解可以有所不同，但它们可以协同发挥作用。例如，格莱威利（Glaveli）和卡拉萨维多（Karassavidou）展示了如何将管理者重视实效性与员工重视工作满意度紧密结合，最终实现了客户价值（如忠诚或对质量的认知）和组织目标（如盈利能力）。各种价值偏好常常基于感觉，并且源于“交换、关系和相互作用”，而这些偏好对价值的认知产生影响。

其他人可能会采取相反的方法，哈里森（Harrison）、博斯（Bosse）和菲利普斯（Phillips）把这些人称为“满意者”。基于对组织需求的假设来提供产品，或者基于间接证据、传闻来表明哪些是有用的产品，满意者采用这种被动方式进行价值创造。在这里，前瞻性的、积极主动的价值创造并没有被给予优先关注，因此创造价值的机会也没有被发现，进而失去了这种机会。为学习与发展部门创造战略价值就是探寻共同价值的需求，确定机会所在，并不断进行调整以逐步形成具有战略意义的价值和合作的关系。

利益相关者在解释价值方面存在差异，由此你可以更好地理解他们如何通过其选择来定义价值："基于市场，人们会倾向于选择能为他们放弃的价值提供最高价值的东西。"有了这样的理解，学习与发展项目的合理目标就是提供"收获的实际成果和放弃的价值之间的高比率"，或者以最低的成本得到最大的价值。

唯一优先级和共享优先级之间永远存在相互制约，受到组织和个人因素多样化的影响。如图3-2所示，这些因素包括组织政策、授权、愿望、需求、恐惧、文化、过去的经历和各种认知偏见，其中一些在第二章中有所描述。

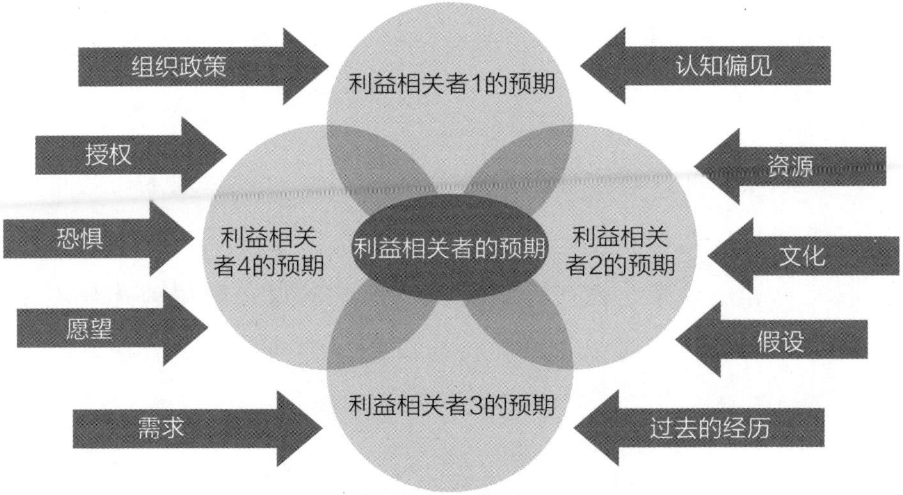

图3-2　影响利益相关者预期的因素

平衡各利益相关者的预期，需要评估、权衡和解决那些有时相互矛盾的主张，提出这些主张的人往往与特定的组织改进计划和组织整体成功有关系。找到适当的平衡点很重要，因为你和组织都不可能总是为每个人做的每件事情提供资源。如上所述，合理的资源分配是利益相关者最关心的问题，组织管理工作的一部分就是找到一种“共享资源”的方式，而不是“竞争资源”的方式。

平衡利益相关者的预期可以理解为机制共享，共享是利他行为的典型标志之一，引导个人和群体的合作与生存。合作可以促进资源的有效长期部署，并减少个人和群体之间的冲突。在构建支持共享预期和奖励文化的系统与机制方面，你可以发挥核心作用。因此，你必须运用一套经过深思熟虑且有效的方法来了解需要满足的预期的范围，以及如何平衡组织及利益相关者的预期和利益。如果你无法经常满足你的利益相关者群体的预期，你将失去这些人对你的信任和支持。

本章的其余部分将为你提供具体的指导，我们跟随卜伊，通过记录、衡量利益相关者的预期并与其保持一致来应用这种咨询式问题解决方法。

虽然杰西打电话给卡伊请求培训，但卡伊知道杰西的培训请求其实是个信号——请求帮助诊断问题并找到一个真正有效的解决方案。杰西已经提出了一个假设，即培训是解决问题的方法，无论是理赔部门的团队合作问题还是自动离职率高的问题。

通过对组织的研究，卡伊也熟悉了领导层描述的执行文化的定义，即专注于效率、效果和及时性。在第一次探讨会上，卡伊希望杰西描述目前的绩效状况，并分享她所期待的解决方案实施后的绩效状况。在这一步骤中，卡伊的兴趣点在于将绩效预期与组织优先级联系起来。

安排探讨会

探讨会可以让你了解是什么引发了向学习与发展团队提出培训请求。这很可能是你与项目发起人的第一次会议，也是你首次有机会了解绩效问题、背景情况及绩效预期。

正如第一章所讨论的那样，在任何情况下问正确的问题都很重要。用正确的问题来开启战略一致性过程尤其重要，因为对问题的回答将影响你努力的方向。指导此类初步讨论的一些首要问题包括：

- 你预期在实施解决方案后会看到哪些成功的结果（有形结果）？
- 为什么这个结果很重要?
- 还有谁会认为这个结果很重要?
- 这将如何帮助组织接近其目标?
- 看上去什么在推动或促使这个问题持续发生?
- 你的消息来源是否足够可靠?
- 你是否考虑过或尝试过其他备选方案?
- 为什么选择这个解决方案而不是其他方案?
- 为什么现在解决这些问题很重要?
- 与这些解决方案相关的风险有哪些?

使用适合你的利益相关者的用语，让他们能自然而然地参与到对话中是非常重要的。探讨会不是询问会，不同的利益相关者将从不同的问题中获得不同的见解，这将影响他们的思维、逻辑和前进方向。随着你不断实践并获得经验，你将为每个利益相关者找到问题的最佳组合。当你在帮助组织交付成果方面有了良好的记录和声誉时，在进入解决方案之前，你会获得更多的影响力和“了解事实”的承诺。这会极大地帮助你减少时间浪费，降低员工不满意率，减少客户流失及其他负面结果。

利益相关者可能习惯于直接向学习与发展团队提出培训请求，将培训作为首选解决方案，但对培训是否会解决他们想要解决的问题没有其他想法。深入研究绩效需求问题的会议可能在过去并不是组织文化的一部分。虽然现在可能有些调整变化，但这种会议是你开始改变思维模式——你的团队可以提供哪些产品和服务来支持组织绩效——的机会。与此同时，你和你的利益相关者将建立更密切的咨询关系，将重心放在提供绩效结果的战略决策上，而不只是关注提供诸如培训解决方案这种学习服务或产品。

为了更好地了解需求和导致需求持续增长的根本原因，你必须将组织视为一个系统。从系统角度来看，绝大部分请求者面临的组织上的挑战都是由不可见的循环模式驱动的。这意味着你要通过问问题来帮助请求者理解事实、基本概念和假设、需求的逻辑合理性和预期结果，问题的根据便是请求者的预期。这些问题的答案将把你引向系统问题。你希望能够跟踪与系统相关的问题，这些问题聚焦于各种议题与预期之间的证据和关系。你可以使用针对特定范围的问题来了解绩效问题或机遇、背景或环境及绩效预期。然后，你可以开始与组织目标建立战略联系。

与杰西一起对探讨会中心内容及示例问题表（见表3-3）进行了回顾，卡伊对探讨会进行了反思。尽管与之前的会议不同，而且双方都感到了不安，但回顾还是揭示了她们以前未曾发现的大量信息。在之前的会议中，杰西提供实施解决方案的方向，而卡伊则负责设计解决方案。探讨会结束时，卡伊确信，那些提出的问题为杰西显示了需要她与理赔部门共同承担的责任。杰西和理赔部门不是孤立的，卡伊也不是孤立的，一种战略伙伴关系正在形成并发展。

表 3-3　探讨会中心内容及示例问题表

问　题	利益相关者的反应
感知到的绩效挑战和机遇	
• 什么驱使请求者来寻求帮助 • 他们的请求是什么（例如，是预先确定解决方案还是帮助解决问题） • 这个问题或机遇的重要程度如何 • 目前谁正在受到这个问题的影响？谁会影响这个问题？如何影响	• 杰西描述了理赔部门团队合作差和自动离职率高的事实 • 杰西在最初的电话中请求提供团队建设培训 • 高重要性。杰西描述了理赔部门中的紧迫性工作：随着最近收购 InsCo2，理赔部门的工作量和学习做这一工作的新员工的人数几乎翻了一番，与此同时，员工的自动离职率高居不下
• 谁可能对其产生影响？如何影响 • 什么事实根据使得利益相关者得出这样的结论	• A 级代理可能影响项目，因为他们对 InsCo1 的“服务变革”有直接发言权。InsCo2 的理赔员工可能影响所选解决方案的采用。杰西描述了过去为构建团队合作组织做出的让步。杰西认为团队成员需要学习“如何合作”

续表

问　题	利益相关者的反应
解决方案内容和组织环境	
• 如果请求提供具体的解决方案，当前工作环境以何种方式支持解决方案 • 目前的工作环境可能会如何阻碍解决方案 • 对解决方案目前有哪些类型的管理支持（如资源分配）	• 杰西正在请求进行团队建设培训，并指出了实施培训的几个限制条件： —脱岗培训的时间 —安排所有团队成员参加短期培训的时长限制 —之前放弃团队建设的经历 —过去解决方案的失败可能阻碍解决方案的采纳 • 杰西提到这次不能是“另一次一阵风” • 团队成员已经因为当前的工作量和最近的收购而感到压力并超负荷工作 • 解决方案必须精确，以获得支持、信誉和战略性成果 • 杰西提供对理赔部门员工离岗参加培训的时间上的支持，但必须将培训（如果可选的话）维持在两小时或更少的时间内 • 如果培训被安排在正常工作时间以外，运营总监同意根据需要支付加班费用
预期绩效	
• 目前的绩效状况如何 • 目前取得了哪些结果（或产出） • 该解决方案实施后的绩效结果应该是什么样的 • 实施者应该取得什么确实、显性的结果 • 用什么标准来确定这些结果是否令人满意 • 谁将基于这些标准来确定或判断取得的结果是否令人满意	• 理赔部门目前花在处理理赔诉求上的时间比规定的慢两周（目标是在三天内处理所有诉求）。杰西注意到有关等待时间的代理投诉增加 • 每个理赔员工平均每天处理 10 张理赔单，并且每天至少与 5 位代理沟通（目标是平均每天处理 20 张理赔单，每天与 10 位代理沟通） • 杰西指出：“如果我们能够提高每天沟通的代理的数量，并且提高每天处理的理赔单的数量，那么就解决了我的问题。”

续表

问　题	利益相关者的反应
预期绩效	
• 是否有什么证据可表明员工很清楚预期绩效 • 预期结果和当前结果之间是否存在差距？差距是什么	• 杰西（理赔部门运营经理）、运营总监，理赔员工和保险代理将确定满意度 • 目前还没有证据显示理赔员工清楚预期绩效，具体而言，理赔员工不知道收购 InsCo2 对他们的工作有何影响。理赔员工无渠道获得对当前工作的描述。正式提供绩效反馈为每年一次
与组织目标相关联	
• 绩效问题涉及哪些业务目标？如何相关联 • 我们选择的解决方案将影响哪些业务目标？如何影响？影响程度如何 • 达到绩效目标需要哪些技能 • 除了技能，实现绩效目标可能还需要什么（如资源和支持）	• 在两年内将 InsCo2 与 InsCo1 完全整合 • 在三年内将所有运营岗位员工的年自动离职率降低 7% • 提高作为值得信赖的保险提供商的信誉 • 提高合作、战略性思维、系统性思维和批判性思维技能 • 在开始安排或实施团队建设培训之前，需要运营管理层提供支持，从而系统地、仔细地解决这个问题
伙伴关系和合作事宜	
• 与你合作或支持你的最佳方式是什么 • 还有哪些伙伴关系对解决方案的成功至关重要 • 我们如何确保这些伙伴关系的有效性	• 杰西和卡伊同意在未来四周内每周面对面地就解决问题和解决方案的一致性进行商议 • 邀请以下人群的代表参加下次会议： —新来的和现有的理赔员工 —运营总监 —少数 A 级代理 —卡伊的主管

续表

问　题	利益相关者的反应
伙伴关系和合作事宜	
• 描述与利益相关者的合作过程（他们期望从你这里得到什么？在解决方案的整个存续周期中，你期望从他们那里得到什么） • 你会遇到什么障碍或挑战 • 如何克服它们	• 使这次会议与探讨会类似，在确定解决方案之前合作解决问题，鼓励进行深入的挖掘和分析 • 如果不是所有人都满意这种方案，则选择一小部分理赔员工进行试点，以获得支持

卡伊确信杰西清楚她们是合作伙伴，以共同解决问题和找到解决方案。卡伊能够感受到杰西的紧迫感，以及对于理赔员工和代理来说，生产率问题能尽快得到解决有多么重要。卡伊向杰西保证，工作将很快开始，并且不会偏离她们选择的战略一致性解决方案。

探讨会的目的是与请求者建立战略伙伴关系。当开始建立这种伙伴关系时，你还想验证自己的判断，如谁是关键利益相关者，请求者认为他们在工作中的利益和角色是什么。要考虑使用附录A中的利益相关者矩阵来帮助你讨论各个利益相关者的相对影响力和重要性。

你希望确定一个通用的方法来让这些利益相关者参与其中，包括与谁联系、何时联系及如何联系。制订利益相关者的参与计划可能会超出最初的探讨会范围，但在得出某项任务是下一个重要步骤的结论之前，你应该向利益相关者介绍这项任务。这将标志着你与请求者之间合作的重要开始，因为你开始与他们合作制订如何让其他关键人员参与进来的计划，并获得这些人对进行这项重要工作的支持。随着你在此阶段工作的推进，你还将从这些人那里收集信息，以便完全理解他们的需求、问题、挑战和其他相关信息，与预期保持一致。

当你开始着手战略一致性过程时，你需要确保自己获得了项目发起人对计划、实施和持续支持你工作的承诺。如果没有得到承诺，你就没有与目标或战略一致性的努力形成具体的、实实在在的联系。对你和请求者来说，澄清在战略一致性过程和方式上彼此共同的、有价值的目标非常重要，对潜在障碍和克服这些障碍需要采取的步骤进行预估也非常重要。这样，你就可以开始发展一种合作关系，这种关系确保项目过程的顺利进行，即使在面临挑战的情况下也是如此。

就像卡伊一样，你与请求者现在处理有关绩效问题的方法可能与之前习惯的处理方法略有不同。之前你与请求者的工作关系中可能没有包含关于解决方案的分析、讨论和协作决策。为了促进你与请求者开展业务的方式发生这样的变化，你需要考虑做些什么来帮助自己对改变解决问题的方式做出承诺。以下是一些需要考虑的常规事项：

- 发展和培养信任的工作关系。
- 分担风险、责任和奖励。
- 促进跨职能、跨团队的文化合作。
- 预测潜在的挑战和克服这些挑战的具体步骤。

卡伊在探讨会上收到了杰西提供的大量信息。下一个步骤是了解组织中的其他人如何看待这些问题，以及从他们的角度来看哪些问题是重要的。这将确保他们的观点被认可，问题在今后得到解决。为了使所选择的解决方案能够成功地改进绩效，卡伊知道确保所有利益相关者就问题是什么及如何解决问题达成共识是有益的（虽然卡伊也知道目前证据还不够，因为只有杰西的观点被认可）。选出的任何一个解决方案似乎都可能遭到一些人的抵制，成功也可能会受到影响。

通过考虑谁会影响绩效改进决策或谁会受到绩效改进决策的影响，卡伊和杰西头脑风暴出潜在的利益相关者。她们甄别出五人。

- 马特：理赔员工代表，和工作、重要客户、代理直接接触。
- 克里斯汀：协调生产工作的运营总监。
- 格蕾丝和达娜：销售公司产品的A级代理的代表。
- 丹尼尔：学习与发展部门总监，负责监督用于绩效改进举措的资源。

获得杰西的同意，卡伊安排了与每个人的面对面交流。

从其他人的角度发现问题

你应该寻求请求者的帮助，以进一步完善利益相关者分析，并明确规定利益相关者适当参与的方法。假设你已经得到了请求者的承诺，你将与其合作制订一份计划，来确定你将与谁、何时、如何进行联系。

这涉及与一些人共同发展和培育伙伴关系，这些人就是那些最有可能影响学习与发展项目决策或被学习与发展项目决策所影响的人。

与他们建立伙伴关系需要对他们的压力源有更深层次的理解，同时说明他们所做的贡献对你工作的成功是有价值和必要的。利益相关者希望知道你正在与他们一起工作，当你为满足组织需求而寻找解决方案时也要考虑他们的需求。这可能是一条微妙的执行路线，因为不同利益相关者所处的位置会有差异，这点会影响他们的显性优先级。你需要听取他们的意见，并向他们保证将会考虑这些意见，但不是许诺他们所有的最初要求都能得到满足。因此，重要的是你对不能做到的事情不做出许诺，否则你将失去他人的信任，失去支持组织变革的信誉和影响力。

例如，当与员工谈话时，他们的视角可能集中在变革将如何影响他们，以及对于他们所承担的工作意味着什么。他们的预期可能主要与如何改善他们的处境和环境有关。他们可能不清楚自己对绩效的预期和支持与组织目标、资源和政策之间的关系。随着你在战略一致性过程各个阶段的一步步前行，你的工作将包括促进员工对这些关系的觉察，从而帮助他们理解组织现状，这一切将使他们开始管理自己的预期。

与他人一起验证项目需求

检查多渠道信息来源可帮助你验证从请求者那里得到的信息。采用多渠道信息来源做决策将减少可能由于单一信息来源而产生的无意识偏见，并坚定你对定义问题和讨论潜在替代方案的信心。为了证实最初的请求，你应该在探讨会上提出相同类型的问题，将其他人的反应和最初请求者的反应进行对比。现在的重点是获得其他人对绩效看法的理解，具体为：

- 其他人认为的绩效问题或机遇是什么？

- 其他人如何看待绩效问题和机遇的背景?
- 其他人对绩效的预期是什么?
- 其他人是如何看绩效预期和组织目标之间的关系的?

收集和验证他人信息的最好方式是面对面交流，特别是在验证非常规的学习与发展解决方案的情况下。通过面对面交流，你可以展示不断变化的范式，从而支持和鼓励集体决定的绩效改进方案的实施。面对面交流是首选，因为面对面交流使你能够有更好的渠道获得利益相关者的信息。例如，与受访者面对面交流可能会让你与利益相关者建立更紧密的关系，便于你使用口头或非口头暗示，使你能够更高效、更有效、更灵活地跟踪关键信息。匿名的面对面交流可能会使受访者更有安全感，让他们更加坦诚。

采用电话和互联网支持的面谈与面对面交流一样，有许多好处，特别是如果你选择采用视频会议的方式时。视频会议比面对面交流更节省时间，成本效益更高，但确实会让你失去一点个人亲近感，因为这种感觉往往更容易从身体的接近中获得。无论如何，通过电话和互联网支持的方式开展联系，在今天是普遍存在的，对很多人来说，也感到非常舒适和自然。

电子邮件或即时消息是最适合作为跟进附加问题或确认信息的方法，而不是将其用在采访活动的整个过程中。电子邮件或即时消息为你提供相对快速的反应，可立即成档，并可以快速查看、参考。

为确保始终如一的连贯性，你应该使用相同的问题并使用你在探讨会上使用的相同技巧（使用业务语言、倾听技巧、系统性思维）。请记住，你收集他人观点的部分原因是最终使多个利益相关者的预期一致，所以你希望能够比较不同人的反应。

> 卡伊与那些可能受到问题和解决方案影响的人、影响问题和解决方案的人进行面对面交流。卡伊认为，面对面交流将有助于获得更深入的了解，而且面对面交流超越了常见的解决方案设计和实施的典型讨论方式——电子邮件。卡伊利用探讨会重点关注的部分及示例问题表来获得对预期结果的各种看法，使其与组织优先级相关联，并发现利益相关者在此阶段可能已经想到的任何解决方案。
>
> 卡伊了解到，新入职的和原有的理赔员工认为团队合作不是问题。马特提到新团队成员如何兴致勃勃地谈论经验丰富的老员工给予的指导和支持。InsCo1和InsCo2的团队成员都表现得很友好，并就如何整合理赔处理流程缺乏交流表示了深深的关切。员工评论说，组织很少发出关于整合InsCo1与InsCo2理赔团队的通知，也没有就如何在完成日常生产目标的同时实现这一整合指明方向。
>
> A级代理将关注的焦点集中在异常漫长的等待时间上。在习惯了两天内给予客户答复的情况下，他们现在等待长达两周的时间才能收到来自理赔员工的回复。代理还表示，如果能够与特定的理赔员工进行交谈，而不是在常规队列中等待及时回复，他们会非常感谢。卡伊的主管——人才管理和发展总监在支持卡伊的同时，对主要利益相关者会如何反应持保留意见。

正如卡伊的情况一样，通过面对面交流，你可能获得了一些从请求者那里没有获得的新信息。这为你提供了更新问题的机会，与其他利益相关者一起确认这些信息，之后再与请求者确认。关键是要对潜在问题、挑战和绩效驱动因素的信息来源进行三角式测试。三角式测试做得越好，你对这些信息准确性的信心就越大。

你可以使用校准矩阵（见表3-4）来综合分析收集到的信息。这使你能把信息汇总到不同的类别中，并更好地说明它们的一致性级别。

采用对探讨会重点关注的部分及示例问题表中问题的回应，卡伊填写了校准矩阵（见表3-4）。它记录了每个利益相关者都注意到的绩效问题或机遇，以及与该利益相关者相关的绩效背景。校准矩阵里还包括绩效问题或机遇与组织战略目标之间的所有联系。

卡伊还将每个利益相关者的伙伴关系及承诺级别水平添加到矩阵中。在完成这个矩阵后，卡伊对以下问题进行了回顾和再思考：

- 利益相关者在何处保持一致？在何处没有保持一致？
- 利益相关者在何处与业务保持一致？在何处没有保持一致？
- 所有利益相关者对完成这个方案的一致承诺是什么？
- 利益相关者对绩效背景的看法有什么相似之处和不同之处？

尽管并非所有人对绩效挑战、障碍和支持是什么持完全相同的意见，但卡伊从各种观点中注意到了共同的主题：

- 每个人都认同理赔部门的工作量非常大。

表 3-4　校准矩阵

利益相关者	绩效问题与机遇		绩效背景			与组织目标保持一致	伙伴关系与承诺		
	感知到的问题或机遇	预期绩效	文化	支持	障碍	组织目标	阻力水平	解决方案的开放程度	总体承诺程度
杰西，理赔部门运营经理	• 团队合作差 • 自动离职率高	InsCo1 和 InsCo2 的理赔员工更多的合作	以执行为基点的“一次性完成”	领导力管理	• 离岗时间 • 制定进度表 • 工作量 • 之前失败的解决方案	• 到 2020 年，InsCo2 与 InsCo1 完全整合 • 到 2021 年，运营岗位员工的年自动离职率降低 7% • 提高作为值得信赖的保险供应商的信誉	HML	HML	HML
丹尼尔，学习与发展部门总监	• 人员流失速度惊人 • 员工投诉数量增加	保持员工在岗率，发展其职业生涯	• 以执行为基点的文化 • 迅速取得结果 • 使用数据的压力增加	• 持支持态度的领导团队 • 接受新想法 • 可保证当使用数据时预算容易获得	无法在经验丰富的员工离职的数量和新员工增加的数量间保持平衡	• 逐年提高员工敬业度 • 减少自动离职率 • 保持作为受信任的保险供应商的信誉	HML	HML	HML
马特，理赔员工代表	• 领导层和管理层缺乏沟通 • 缺乏整合工作的流程 • 难以实现日常生产率目标	• 增加关于收购的交流（这种变化对理赔部门意味着什么？每个人如何适应？） • 了解工作预期	以执行为基点的“一次性完成”	领导力管理	• 离岗时间 • 制定进度表 • 工作量 • 之前失败的解决方案 • 缺乏归档流程 • 总是在培训新人	• 到 2020 年，InsCo2 与 InsCo1 完全整合 • 到 2021 年，运营岗位员工的年自动离职率降低 7% • 提高作为值得信赖的保险供应商的信誉	HML	HML	HML

续表

利益相关者	绩效问题与机遇		绩效背景			与组织目标保持一致	伙伴关系与承诺		
	感知到的问题或机遇	预期绩效	文化	支持	障碍	组织目标	阻力水平	解决方案的开放程度	总体承诺程度
格蕾丝和达娜，A 级代理	• 等待时间长 • 没有理赔部门主要联系人的联系方式 • 咨询电话的答复因不同回答人而不同	减少等待时间	“快节奏”文化	销售部门、代理和其各自的经纪商和经销商公司之间良好的关系	与许多保险机构合作	提高作为值得信赖的保险供应商的信誉	HML	HML	HML
克里斯汀，运营总监	• 理赔部门缺乏团队合作 • 理赔处理没有达成每日或每周目标	• 减少 A 级代理的等待时间 • 提高理赔效率	• 以执行为基点的文化 • 合作	• 灵活的时间安排 • 可根据需要利用其他团队来改进工作	• 预计理赔量将在下个季度增加 • 未达到季度销售目标的风险	• 到 2020 年 InsCo2 与 InsCo1 完全整合 • 到 2021 年，运营岗位员工的年自动离职率降低 7% • 提高作为值得信赖的保险供应商的信誉	HML	HML	HML

- 每个人都认同理赔部门离效率目标的差距很大。
- 理赔员工描述的问题与管理层描述的不同。
- 对组织优先级持一致意见。
- 大多数利益相关者对于解决绩效挑战问题的承诺力度为中等至高度。

卡伊现在从主要利益相关者群体的多种看法中对绩效遇到的挑战有了很好的认识。但卡伊的重点是长期和可持续的解决方案，而非短期结果。由于工作是在互惠互利的关系中完成的，卡伊决定对发展和壮大战略伙伴关系进行研究。

获得其他人的承诺

对你的组织来说，因为这种与利益相关者建立战略伙伴关系的方法可能是新方法，所以你必须率先获得所有利益相关者的承诺，以确保该方法被采用，并确保其他人参与其中。这需要你和利益相关者之间采用协商的方式并密切合作。因此，你并不是真的“提供”解决方案，而是尽可能地和他们一起创造积极的变化。致力于共同努力的承诺是至关重要的，以下部分介绍了获得此承诺的一些方法。

讨论合作机会

采取合作方法工作，对于形成学习与发展决策的预期结果和责任至关重要。这种方法还可以促进跨职能关系的建立，并改善其他人对你的看法，将你视为具有战略价值的业务伙伴。要让人们清楚他们在这些合作机会中的作用，以及他们的具体期待，以便他们知道自己正在做出的承诺是什么，并做好相应的准备。

描述战略一致性目标和过程

你对战略一致性方法的目的和价值、该方法所涉及的内容、其他人如何参与的描述都可以帮助利益相关者了解他们可以从你这里得到什么、你对他人的预期。这也说明了如何共同努力解决绩效问题是一项协作性工作，每个人都要投入其中并共担责任。

协商沟通计划

你的沟通计划描述了每个利益相关者如何参与该流程。重要的是在沟通中发现利益相关者的观点，如可用性、沟通方式和渠道、角色和责任。

确定潜在的驱动因素和障碍

分析、设计、实施和结果跟踪受驱动因素和障碍的影响。驱动因素是有助于促进成功实施每个阶段的因素。障碍是可能阻碍成功实施每个阶段的因素。在确定潜在驱动因素和障碍时，请考虑以下因素：

- 预期
- 反馈
- 工具和资源
- 后果

- 奖励措施
- 技能和知识
- 选择和分配
- 动机
- 优选级
- 管理
- 文化和环境

与利益相关者的预期保持一致

现在，你已经获得了最初请求者和其他利益相关者的观点，你需要综合这些观点，同时维持并平衡业务与每个利益相关者的最大利益。以下问题将帮助你解释通过各种渠道收集而来的展示在校准矩阵中的信息：

- 各利益相关者之间是否就需要解决的问题或机遇达成共识？如果没有，为什么？
- 对于问题或机遇的重要程度是否达成共识？
- 是否对哪些人员将会受到所选解决方案的影响达成共识？
- 每个人都了解正在达成的业务目标吗？
- 绩效预期的一致性如何？

- 绩效预期是否清晰?
- 是否认同存在技能差距?
- 如果不是技能差距，是否同意探索非培训解决方案?

在综合观点时，你将考虑并权衡提供给你的信息的可信度。具体而言，你将分析信息的相关性、可靠性、正确性和完整性。

- 相关性：所提供的信息与绩效问题或机遇直接相关。
- 可靠性：所提供的信息是可衡量的、可信的和一致的（经验法则：用三个或更多来源来证实信息）。
- 正确性：信息基于逻辑或事实，并考虑其他可信因素、原因或关系。
- 完整性：信息没有遗漏重要元素。

在每个标准旁放置一个核查标记，来评估你从每个利益相关者处得到的信息的可信度。使用此评估结果可帮助你为相互矛盾的信息分配适当的权重。表3-5给出了一个例子。你的回答可能表明，并非所有人对关键问题的看法始终如一，最重要的是得到什么结果。除了使用上面的矩阵来比较利益相关者的看法和预期，你还可以使用你收集到的信息来描绘你对问题或机遇的初步理解。

为了完成利益相关者预期信息可信度评估模板，卡伊考虑了每个利益相关者提供信息的可信度，并用该模板来确定是否应该在得出可靠的结论之前收集其他信息。

表 3-5　利益相关者预期信息可信度评估模板

利益相关者	绩效预期相关性、可信性、正确性和完整性			
	相关性	可靠性	正确性	完整性
杰西，理赔部门运营经理	√	√		
马特，理赔员工代表	√	√	√	√
格蕾丝和达娜，A 级代理	√	√		
克里斯汀，运营总监	√	√		

描绘系统中的绩效问题

第二章介绍了四个一致性级别。你现在获得了有关利益相关者如何看待主要问题、障碍和成功驱动因素的大量信息。你可以开始描述利益相关者表达的各种议题和问题之间的关系了。你观察到或感受到的最紧迫的问题处于哪个级别？它们是不是主要聚焦于知识和技能要求？核心问题或机遇主要集中在工作产出和要求上吗？这些问题是否会影响组织，并涉及特定的员工群体、职能或部门？是否存在与外部客户和社会相关的重大问题或机遇？

从生命系统的角度来看，系统是交叉叠加、相互联系的，系统的问题、症状和根本原因都以某种方式相关联。同样，变化也可以通过在不同级别上同时推动来实现。

不管怎样，完美地绘制组织系统图是不可能的，注意到这点非常重要。准确地说，绘制组织系统图可以帮助你将变革的意义概念化，并在利益相关者参与讨论组织系统图时与之达成共识。事实上，绘制组织系统图的练习从本质上来说有其局限性，不应该与深思熟虑的思考和持续学习相分离。

作为结果，有些组织系统图比较抽象，主要用于识别系统的主要组成部分和关系，旨在作为讨论的基础而不是对现实的完整描述。这与其他非常详细并试图描述系统及其运作的组织系统图形成了对比。

我们建议你独立完成此练习，以帮助你综合分析有关利益相关者认知的初始信息，你可能希望使用画图的方式作为自己的框架，在后续与核心利益相关者进行的交谈中展示你的初步发现。

当你将某些问题绘制在相应级别时，请考虑在利益相关者观点的地方添加特殊信息，这样有助于在后续会议上选择一致性级别时帮助你识别预期。你可以使用此信息及利益相关者分析图信息来了解利益相关者的看法、优先级和预期，从而对他们产生更有效的影响。

为了完成这张一致性排列图（见图3-3），卡伊将每个利益相关者对感知到的问题产生的反应都体现在图上，并思考每个问题在系统中的位置。然后，卡伊将利益相关者对感知到的问题产生的反应记录在其相应的级别上。

一致性排列图中记录下的利益相关者的反应帮助卡伊形成对问题和机遇的全局看法，现在你也需要确定绩效问题出现在系统中的位置。在这里，使用你的最佳判断，要谨慎地计算问题在每个级别出现的次数，确切地说是寻找共同影响绩效的各方的潜在协同作用。你选择进行干预的级别将成为之后过程中选择解决方案的焦点。你仍然要说明组织各个级别反应产生的原因，但要在考虑与问题最紧密相关的解决方案时便开始这么做。

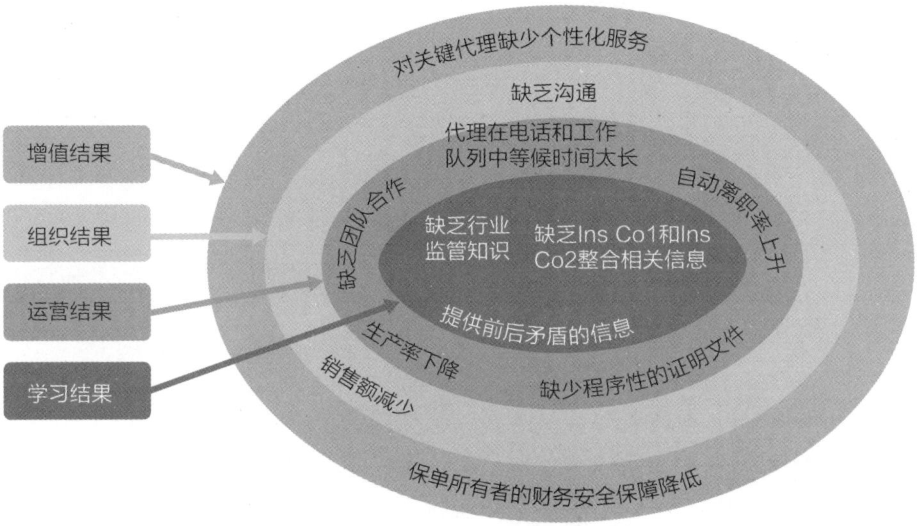

图3-3　一致性排列图

选择一致性级别

如果你对完成的一致性排列图的实用性和清晰度感到满意，并且对你建议的一致性级别有很好的想法，那么这就是你与关键利益相关者推进对话的时候了，对话的内容是你收集到的信息及关键利益相关者的主要问题所在。你不一定要约见你之前面谈过的每个人，但你要与对你的工作有明确决策权的核心小组对话。（最初的请求者应帮助你识别这一核心小组）。你不必确定谁说了什么，但要分享有关问题可能存在于组织内何处的初步信息。我们的目标是在对话结束后就工作重点和预期结果达成一致，并得到核心小组支持这一进程的承诺。

使用你拥有的信息并考虑最合适的一致性级别。通常，使用初始的一致性排列图展示你的解释，并且在核心利益相关者群体中进行讨论是非常有用的。请记住，这些级别是组织系统的一部分，实际上感知到的组织问题或机遇是跨越级别的。在与客户合作时，我们建议始终将一致性的努力定位于增值结果，因为这是组织存在的目的——满足社会需求。当你的关注点和精力能够达到满足组织客户和利益相关者的根本需求时，你便可以拓宽视野并专注于真正的战略优先级上，从而扩大实现最佳目标的选择范围。越是在没有清晰理解与更高级别的一致性和结果之间关系的情况下关注那些低级别一致性，你失败的风险就越大。

然而，我们希望组织合作伙伴将学习与发展项目一致性包含在其战略性增值级别中，我们需要获得他们做这件事情的承诺，这是一件具有挑战性的事情。使用表3-6，可以帮助你清楚考虑每个级别的目的、益处、成本与风险、潜在影响。表3-6提供了一些考虑因素，使用这些考虑因素，可帮助你决定如何调整自己的工作。你可以使用从利益相关者处收集的信息进行选择，以决定问题的级别及利益相关者做出承诺的对应级别。与利益相关者就选定的关注重点达成共识很重要，例如，为什么这种方法最适合这个问题？它可能会如何实施？利益相关者未来的角色和预期是什么？

讨论一致性级别如何与利益相关者相关。例如，如果选择与员工产出保持一致作为主要关注点，则要继续讨论如何创建这个主要关注点与具体的组织目标和优先级的联系，从而建立与客户外部价值的联系。你的利益相关者可能会选择正式排除某些较高级别的关注点，但你有责任解释该选择的风险和可能失败的情况。

一致性选择将指导你完成其余步骤的工作流程，因此选择很重要，它将涉及你和你的利益相关者。在你整合利益相关者的各种预期

表 3-6 选择一致性级别时考虑的因素

级别	目的	何时使用	益处	成本与风险	潜在影响
与增值结果保持一致	确保解决方案帮助组织满足外部客户、社会或社区的需求	• 合作者描述了将工作与外部客户、公共卫生、安全、环境影响、生活质量及经济和个人安全相关的愿望 • 组织希望确保长期的生存和盈利能力 • 组织面临来自外部环境的重大威胁、变革或机会	• 价值增值延伸到组织外部，影响社会和社区 • 组织结果与外部利益相关者的福祉保持一致 • 组织可持续发展的最大机会	• 可能最初在时间和金钱上付出昂贵的代价 • 股息的支付是长期的	• 最高水平的战略影响 • 能为客户和全社会带来增值，转而对组织的持续发展产生积极的影响
与组织结果保持一致	确保解决方案与组织的盈亏保持一致	• 合作者描述了与市场份额、收益、销售、利润和客户满意度相关的愿望	• 有助于确保组织所做的所有努力均与组织目标和优先级相关联 • 有可能提高组织的有效性和效率	• 可能最初在时间和金钱上付出昂贵的代价 • 股息的支付是中长期的	• 对组织的盈亏可能产生很大影响 • 可改善组织的有效性
与运营结果保持一致	确保解决方案与个人、小组或部门的具体成就保持一致	• 合作者描述了个人、小组或部门的具体可交付的绩效成果 • 存在影响工作产出和工作要求的变化	• 有助于将正确的绩效解决方案与具体的工作产出或产品保持一致	• 与战略目标保持一致的假设可能无法得到证实	• 可以提高运营有效性
与学习结果保持一致	确保解决方案与工作的方式保持一致	• 合作者描述了希望改善的愿望或介绍了如何去做	• 有助于确保我们正确地做事	• 假设对可能发生或可能不发生的产出有积极影响	• 可以提高效率

并根据不同的优势点绘制出当前的排列图后，召开一次跟进会议是讨论关键问题、一致性级别和前进方向的有效方式。

卡伊与利益相关者协商、讨论完成了一致性排列图，以确定合适的一致性级别，并开始将其工作聚焦于这个一致性级别。许多人认为工作应该从每个人直接感受到这个级别的问题开始，当其他人讨论这些问题的解决方案时，卡伊在关注一致性级别（决定任何解决方案之前先确定问题）。

卡伊听取了这些利益相关者的反馈，并同意运营级别将是一个很有用的切入点，因为运营级别是团队最能够直接发挥影响力的地方，而且随着工作的进展，它可以帮助团队就与其他级别的一致性搭建对话框架。

获得方向、范围和方法上的承诺

与关键利益相关者的伙伴关系需要达成正式协议，在协议中说明就解决共同问题而采取的具体步骤。清晰的计划应该包括谁负责做什么和什么时间做，以及如何明确岗位职责。在与预期保持一致阶段确定你的工作时，请与你的利益相关者完成以下任务：

- 描述保持一致的理由。
  —根据目前所知的观点和标准，就此一致性是最佳做法的原因提供沟通支持。
  —描述所选一致性级别的特征：
    - ◆ 目的
    - ◆ 益处（预期、已实现的）

    - ◆ 风险（预期、已缓解的）
    - ◆ 成本（预期、有形、无形）
    - ◆ 潜在影响
- 描述选择一致性级别的过程。
  — 预计实施所需时间。
  — 实施选择的一致性级别需要哪些项目角色和责任?
- 对之后的流程进行沟通计划的协商和确认。
- 讨论和阐明成功完成战略一致性流程后的预期情况。（根据你是内部顾问还是外部顾问，内容可以包括对所选学习与发展计划的全面实施和评估。）
  — 具体的结果。
  — 初步绩效指标（将在与结果保持一致阶段更新）。

与预期保持一致清单

使用这个清单来确保你已经涵盖了与利益相关者预期保持一致所需的全部因素。

一致性因素	是 / 否	如何做到
我的系统性思维		
我仔细考虑过绩效挑战或机遇的背景	是 / 否	
我的战略性思维		
我通过调查什么、何时、为何、何处及如何而进行了客观分析	是 / 否	
我的批判性思维		
我意识到存在一个问题（或机遇）	是 / 否	
我已经开发出一种有序的方法，用这种方法安排任务并依据严重性和紧迫性对问题进行了识别	是 / 否	
我综合了来自各种渠道的信息	是 / 否	
我确定了我的利益相关者提供的信息的可信度	是 / 否	
我向我的利益相关者提出了恰当的问题	是 / 否	
我与利益相关者合作		
我对各种观点秉持开放态度	是 / 否	
我鼓励我的利益相关者对各种观点持开放态度	是 / 否	
我使用有效的倾听技巧来更好地了解我的利益相关者的预期	是 / 否	
我已经传递了我对团队工作及绩效问题或机遇的共同责任的支持态度	是 / 否	
我使用业务语言与我的利益相关者沟通了我对绩效问题或机遇的理解	是 / 否	
我使用业务语言来沟通创建一致性的价值	是 / 否	
对于应对人才发展和管理要求的新流程而言，这是不是正确的合作伙伴 / 项目	是 / 否	

第四章

与结果保持一致

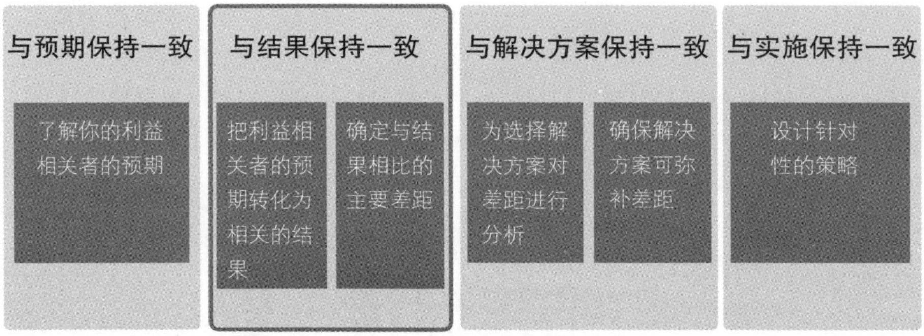

一旦了解了利益相关者决策的驱动因素（如需求、偏好、信念和看法），你便可以确定可衡量的组织结果、衡量指标、可单独验证的数据，以及可弥补的关键差距（需求），这便是与结果保持一致阶段。表4-1列出了要实现的目标，以及为实现目标而设计的活动。

表 4-1　与结果保持一致：目标和活动

要实现的目标	为实现目标而设计的活动
• 将利益相关者的需求和预期转化成与学习、运营、组织、增值级别相关的、期望的结果	• 确定相关结果、标准和绩效目标 • 评估差距 • 将当前绩效与预期绩效进行比较 • 评估绩效背景
• 将学习与发展工作和战略优先级保持一致 • 与利益相关者建立关系	• 确定当前结果水平 • 描述组织目标、战略优先级与利益相关者预期之间的关系 • 共同设计数据收集策略
• 不断反思自己的工作	• 不断核对“与结果保持一致”清单以评估绩效

当在与预期保持一致阶段发现更多与关键问题相关的信息时，与结果保持一致阶段便开始了。在这个阶段，你需要将客户的需求、预期与重要且明确定义的组织结果保持一致。你需要明确组织希望获得的关键结果，但要避免在此时做出如何达成目标的承诺。你可以通过检查既定的目标和优先级、战略计划、运营计划、行动计划、当前或过去的绩效报告（包括来自其他咨询服务或研究机构的报告）、战略评估及任何其他相关的绩效信息来发现更多相关结果。你还可以与利益相关者合作，来确定目标实现或有价值的绩效表现的具体描述。你的核心问题是：“我们怎么知道我们什么时候成功实现了目标？”“在进行过程中，我们应该注意哪些标志，以便我们可以推动项目朝目标迈进？”只有了解了这些信息，你才可以确定期望的绩效水平与当前的绩效水平之间的差距。

区分方法与目标

任何成功旅程的关键是以良好的状态在正确的时间到达正确的目的地。首先，确定正确的目标至关重要，要确定你想实现的目标并证明你为什么可以实现这个目标，这将为你提供设计、开发、实施、管理和评估你的学习与发展解决方案的关键数据。

在确定了利益相关者的预期后，你便确定了旅程第一阶段的方向。如前所述，如果组织在决定如何提高其有效性和效率方面存在普遍的问题，那么人们倾向于从解决方案入手，而不是先弄清楚他们想要解决的问题。你可能拥有一些有用的信息，从利益相关者的角度来看，你们必须就要解决的关键问题达成共识，但你的最终成功取决于你的解决方案对组织所获结果的贡献程度。你是否能够实现这一承诺取决于你和你的团队是否能够区分方法和目标。

实现目标就是交付结果。简而言之，结果就是做某事的效果，结果不是我们要做什么，而是做某事带来的后果。可是，交付解决方案与交付结果并不相同。我们实施解决方案是为了实现组织所关注的积极结果。

方法就是我们实现目标的手段。方法就是我们所做的及我们如何去做。我们通常有多种方法可以选择，但我们并没有停下来考虑所有的选项。在可衡量的结果方面我们越能明确地定义问题，（根本原因将在第五章讨论），我们的全套方法就越清晰。方法虽然很重要，但如果它们无法帮助我们实现预期的目标或结果，那么在行动、解决方案和创意中消耗的资源就几乎无法体现其本身的价值。表4-2提供了一些实例，将目标与方法进行了比较。

表 4-2　目标与方法

目　标	方　法
提高销售量	• 增加销售人员 • 增加销售人员在追加销售和交叉销售方面的知识
降低新员工的离职率	• 提升福利待遇 • 开展新员工上岗培训项目
减少差错	• 为产品开发组建多学科团队 • 实施六西格玛
提升客户满意度	• 缩短从接订单到交货的时间 • 改善与客户就如何更好使用产品的沟通
提高利润率	• 削减低利润率的客户、产品和服务项目

有时候这些方法会分散我们向预期结果努力时的注意力。你希望团队获得更高的生产率，但如果你专注于培训他们，或者将他们转变

成一个“自我指导的工作团队”，而不是首先缩小生产率差距，那么你就是在冒依附于方法并忽略证据的风险，而这也暗示了培训并不是最好的方法。回忆一下决策时进行的关于增加投入或降低成本的那些认知陷阱的讨论，这些认知陷阱会导致你由于急于补偿损失而损失更多。是否继续采用无效的方法，你的决定依据是已经投入的资金而不是未来的成本与收益。减少这种风险的最好途径是保持灵活性，并且将关注点放在确定的结果上，而这正是你想要实现的目标。了解影响实现结果的因素也很重要，因为它们提供了有关以最有效果和最高效率的方式实现目标的线索。

目标

我们对结果的定义通常可以用总体目标（我们追求或寻求的东西）来表述，或者用更具体的要求来表述，包括所要实现的确切结果、何时完成的时间表、观察结果的条件，以及判断目标完成程度的具体衡量指标或可衡量的标准。我们把这种精确表示的结果称为目标。

但并非所有目标都是结果。以结果为导向的目标侧重于组织感兴趣的产出和结果，以过程为导向的目标则表达了为实现这些产出和结果而采取的具体行动。一个以结果为导向的目标例子："全部销售人员将在今年年底提供产品信息实用演示的演讲。”一个以过程为导向的目标例子："到今年第二季度末，我们将启动有关如何更好地使用我们产品的客户信息计划。”

通过进一步了解你会发现并非所有结果都处于同一级别。事实上，它们处于不同的级别。例如，工作产出目标、组织目标和增值目标之间就存在区别，处于不同级别。人们产生工作成果，为更高的组织目标做出贡献，并为客户和社会创造价值。

- 工作产出目标：

  “在第一年第三季度末，全部销售人员将提供产品信息实用演示的演讲。”

- 组织目标：

  “在第一年年末将北美的销售量提高18%。”

- 增值目标：

  “在第二年年末将使用产品不当造成的事故减少到每年两起以下。”

  “两年内将北美地区的客户满意度起码提高至96%。”

明确区分以结果为导向的目标、以产出为导向的目标和以过程为导向的目标是至关重要的。以结果为导向的目标反映的是你希望实现的远期结果；以产出为导向的目标反映的是行动、计划、项目的即时交付物；以过程为导向的目标反映的是你希望如何实现这个目标。例如，启动新的客户信息项目可能很重要，之所以重要，是因为你希望提高客户满意度。以过程为导向的目标可以激发设计人员更多灵感来设计备选方案，但只有结果目标可以帮助你评估更多以过程为导向的目标。

如何区分结果目标与过程目标？最重要的问题是问“为什么”。试想一下，一位经理希望她的销售团队中每个人都得到合适的产品使用培训。学习与发展专家通过简单地问她“为什么这很重要”，与她一起创建了一条因果关系链，如下所示。

经理：我们需要尽快让销售团队中的每个人都参加有关正确使用产品的培训课程。

学习与发展专家：你能让我知道为什么这件事很重要吗？

经理：因为销售团队需要能够向客户正确地演示如何使用产品。

学习与发展专家：是的，这肯定言之有理。那么你能给我提供一些关于为什么现在提出这个请求的更多细节吗？

经理：因为我们收到客户投诉，反映产品不好用。

学习与发展专家：我理解你这个请求背后的紧迫性。毕竟客户满意度是我们业务成功的关键。这件事情听起来似乎会影响其他一些重要的业务问题，需要我们充分关注。

经理：是的，完全正确！我们的退货在增加，销量在下降。从这点上说，我们可以预料，我们得到的客户满意度分数将降低。

学习与发展专家：你们可以依靠我们的支持和帮助。顺便问一下，你是否介意我们看看客户报告以更好地了解他们的具体问题？里面可能有一些有用的信息可以帮助我们调整解决方案。

经理：没有问题。听起来似乎你已经明白我们要做什么了。如果你发现我们可能错过了任何重要内容并能提供给我们，那就太好了。我会尽快将客户报告发送给你。

请注意，学习与发展专家的一系列问题的出发点是“帮助我理解；我希望帮助你”。这种观点使双方能够将培训请求和业务需求相关联。在这种情况下，学习与发展专家利用这个机会提出了通过微调方案来解决问题所需更多信息的要求。有了更多的信息，学习与发展专家将处于更有利的位置，从而有可能以提供合理而有吸引力的信息来回应经理，这些信息将为界定问题和暂停已出台的解决方案提供更多的证据。

需求

鉴于我们过度使用“需求”这个词，区别方法与目标可能更具有挑战性。请注意一下日常对话，需求一词的使用往往表明需要一种解决方案，如你需要更多资金，需要更多时间，需要更多人员，需要外包，需要重新整理，这些都会导致解决方案的选择和应用，然后才知道你应该交付的结果。由于需求的过度使用，人们在定义和确定要解决的问题之前，便不经思考或不知不觉地直接进入解决方案的选择。

被称为绩效改进领域“需求评估之父”的罗杰·考夫曼将需求定义为，你想要的结果与当前你正在实现的结果之间的差距。他进一步定义了需求评估的工具或流程。需求评估可能会揭示一些差距，而这些差距正是他所说的我们希望解决的问题。

他认为，许多所谓的需求评估不是需求评估，而是需求调查。例如，组织选择培训作为解决方案，然后让员工设想五个他们认为需要培训的领域，提出他们更愿意接受的培训方式。这不是需求评估，这是一个示例，说明如何通过不完整的数据来证明首选的或熟悉的解决方案是正确的。这种证明是在没有首先收集证据的情况下进行的，未收集的证据包括工作产出的真实差距、实际影响因素，以及可能更有效且消耗资源更少的一系列相关选项。

本章确定了相关结果间的差距，这点与考夫曼的观点相似。你将学到确定相关结果、衡量指标和目标，确定实际结果的级别并估计预期结果和实际结果之间的差距。图4-1说明了这个阶段的三个关键步骤。

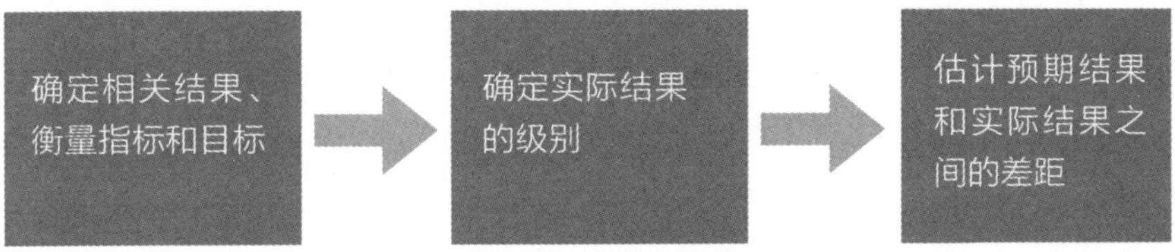

图4-1　与结果保持一致阶段的步骤

确定相关结果、衡量指标和目标

在第一阶段，你的利益相关者向你提出他们对成功的预期，或者他们希望的成功是什么样子的。有了这些信息，你就具备了满足利益相关者对成功的预期而应有的了解。现在你可以确定成功的衡量指标（或标准），或者那些可以显示你正在朝目标或所选定的一致性级别目标前进的标识。

增值结果级别

这一级别侧重于确定和弥补组织的预期结果和实际结果之间的差距，其衡量指标是这些结果对组织外部客户和社会的有用性和价值。此级别的相关结果可能与受组织业务过程影响的安全、公共健康、环境、生活质量、客户、员工和社区有关。

虽然这些结果看似与员工的工作相去甚远，但员工的工作对这个级别的结果影响最大。客户最终得到的产品和服务会受到工作流程、协议条款、培训、反馈和监督的直接影响。在社交媒体上，一条评论可以被数十、数百或数千人分享，正是因为这样，客户现在可以对品牌的声誉带来影响（积极的或消极的）。随着全球化和互联网的发展，客户有了无限的选择，因此差异化的关键维度已成为客户体验。当询问组织如何才能更好地与客户接触以建立忠诚度并使业务得以维系时，超过一半的受访者表示改善整体客户体验至关重要。甲骨文公司对客户进行的一项研究发现：

- 86%的客户愿意支付更多的费用以获得更好的客户体验。
- 79%的客户在线进行体验不佳的投诉被置之不理。
- 89%的客户在有过不佳的客户体验后转向了竞争对手。

改善客户体验以实现高水平的客户满意度可以直接影响组织绩效评估，如销售额、稳定的客户数量和客户推介的增加。尽管该级别结果的增值对成功至关重要，但它通常不是通过学习与发展解决方案来实现的。

该级别所体现的系统性思维也许比其他级别更好。这有助于你采取更主动的方式进行组织变革，维持组织长期发展，而且当组织参与战略规划流程时或面临来自外部环境的重大组织变革、威胁或机遇时，这点尤为重要。

该级别的结果可以作为以组织愿景和战略目标形式出现的战略目的。因此，战略计划是决定此级别实现具体结果的主要信息来源。战略实施计划（如果有的话）是另一个重要的信息来源，因为它提供了各种与支持具体战略目标有关的组织行动的更多细节。但应该注意的是，并非所有组织都从始至终地贯彻执行具有明晰实施计划的战略计划。战略衡量框架也很有帮助。例如，如果你的组织正在使用战略计划和管理系统，如平衡计分卡，理论上就应该具备与客户满意度和影响相关的清晰结果和衡量指标。平衡计分卡由罗伯特·卡普兰（Robert Kaplan）和大卫·诺顿（David Norton）作为一种绩效衡量框架首先提出，这一衡量框架为传统财务衡量指标增加了战略性的非财务绩效衡量指标，为管理人员和主管提供了对组织绩效更"均衡"的观察点。

组织结果级别

这一级别侧重于确定和弥补组织底线的预期结果与实际结果之间的差距，且不论其可能为外部客户和社会带来的价值。这个级别的相关结果可能与市场份额、收入、销售额、利润和客户满意度有关。根据所用衡量指标，客户满意度实际上可能出现在组织结果级别和增值结果级别。在增值结果级别，其关注点在于长期满意度趋势，因为它显示了对客户需求的持续关注。在组织结果级别，其可能只关注某一时间点，而不是趋势。

对于医疗保健机构而言，组织结果可能是患者治愈出院率、每一疗程的护理费用、收益分享或基于绩效合同的经济收益或风险。而对于教育机构而言，如果与绩效挂钩，那么组织结果可能是毕业率、国家或省标准化考试成绩、入学率、留校率，或者资金保障。

该级别的结果将帮助确保你的学习与发展解决方案在短期内为组织最低目标做出贡献，因为其可能与长期可持续性之间没有明确的关系，但与上述增值结果的关系最密切。

同样，战略计划、实施计划、年度行动计划及战略衡量框架和系统也将提供大量信息。任务陈述通常包括组织承诺实现的具体结果，尽管有些没有使用特定或可衡量的术语来表述。在这种情况下，你的任务是将“成为最好”或“努力工作”解释为可衡量的结果。因此，你还必须参考任何显示有价值结果的内部报告，这些报告基于衡量的内容来跟踪组织向最低目标迈进的情况。你的陈述里可能包括提交给高级领导层的年度及季度报告，以便让领导层了解组织的绩效。

运营结果级别

这一级别侧重于确定并弥补个人、团队或职能部门绩效级别上的结果差距。从本质上讲，这些结果是基本的目标，当将这些结果放在一起时，可帮助组织实现其最低目标并为客户和社会创造价值。

该级别的相关结果与特定执行者所交付的内容相关：服务呼叫的妥善处理、汽车的成功维修、销售交易的执行。对于医疗保健机构来说，运营结果可能包括病员登记或收住差错、平均留院时间、长期病床占用率等。对于教育机构而言，运营结果可能包括对专门学科领域知识的掌握、课程的成功完成、教师授课效果和学生出勤率。

需要注意的是，可能会有不同层次的运营结果共同产生更高水平的组织结果。一定要仔细识别这些价值链，了解它们的相互关系和相互作用。

同样，你应该仔细考虑该级别的绩效结果与处于该级别之上的两个级别结果的一致性，我们之前已经讲过这两个级别。即使你在评估增值或组织级别的结果差距上并未获得利益相关者的共识，你仍然希望至少确认绩效差距与战略目标两者之间的关系。

例如，你的关键利益相关者可能要求你关注并解决影响东南地区工厂错误率的员工绩效问题，但你不必收集错误率如何影响客户或如何影响工厂所在地区的数据。在这种情况下，你至少要建立或标出错误率与组织更大目标之间的关系，因为这种关系与质量、客户满意度和市场份额目标相关。你可能不需要花太多时间来衡量特定的质量、客户满意度和市场份额目标与“实际值”之间的具体差距，但至少在掌握事实之前，你要弄清楚降低错误率的战略价值。无论你之后想出什么解决方案，它们都必须符合组织的质量标准、政策和相关规定。

确定相关绩效结果的主要信息来源包括工作描述、绩效计划及评估、绩效管理框架、文档和系统。

学习结果级别

这一级别侧重于知识、技能和行为。虽然这三个术语经常交替使用，但它们是不同的，应对其进行明确界定。知识是对特定主题或学科理论或实践的理解。能够理解一个概念并不意味着此人知道如何应用这个概念。你可能对平衡计分卡有所了解，但这并不意味着你能够或曾经使用它。知识的转化或应用是实际技能。技能提升需要实践，而不一定需要更多的知识。技能定义了具体的学习行动，就其复杂性而言，范围很广。了解员工所拥有的技能可以帮助你确定对他们的培训是否适合其职位所需。应用技能的具体方法因具体行为而异。换句话说，可以通过具体的行为来观察员工在技能级别的差异。那么个体可以应用哪些具体行为以达到预期结果?

知识、技能、行为与绩效之间的区别可能是模糊的，因为绩效通常被描述为由员工的工作成果和行动组成。明确区分员工的工作成果（我们在运营结果级别上描述的）和员工行动是很重要的。行动是人们如何产出工作成果，这需要相关的知识、技能和行为。

强调人们所知的和能做的之间的区别也很重要，因为这有助于将对学习差距的估计锚定于履行工作所需的具体、明确、可衡量的技能和行为上。研究表明，与完全基于专题领域或主题的培训相比，专注于相关工作任务的培训和其他知识解决方案更能成功地被转换应用到工作岗位上。这种区别帮助我们开始设计在培训中学习的知识和实践的技能两者间的可转换性，因为它为特定的行为目标、策略、行动和内容提供了基础，这些可以帮助员工成功履行其职务。它还为在岗员工提供了详细和及时的反馈根据。如研究结果告诉我们的那样，正是对工作完成的具体方式的改变引导出了工作成果的变化。工作数据并不总是告诉我们程序出错的地方及如何纠正它。因此，我们还必须了解人们如何产出或实现工作成果。

确定人们应该如何实现预期结果的有用的信息来源可以是绩效标准、组织和行业质量标准、运营程序和政策，以及其他组织政策、规范、规定和规则。工作描述的形式各不相同，但大多数提供的内容不够详细，所以检查各种信息来源成为必要。

通过公司网站，卡伊了解了更多关于该组织的目标和战略优先级的信息。卡伊还争取到了运营总监克里斯汀的支持，帮助自己确定战略计划，即组织和运营部门的愿景。卡伊注意到组织总体目标与运营战略计划之间的关系。然后她整理了理赔项目涉及的各个级别的预期结果，以及如何使用逻辑模型（见图4-2）将这些结果与组织的预期目标和战略优先级进行关联。

通过使用逻辑模型，卡伊可以描述组织目标、战略优先级与利益相关者所表达的预期之间的关系。在考虑这些关系时，卡伊特别关注几个利益相关者在之前会议中提到的战略优先级：将InsCo2与InsCo1完全整合。卡伊在考虑这是不是一种方法，而不是目标。

完全整合的结果会是什么样子的？卡伊记得人才管理总监有关敬业度的意见，并且她也做了记录以确认团队的共识——保险公司人员的全面整合反映了组织对具备高敬业度员工队伍的优先重视。有了一个这样的规划图，卡伊开始着手为逻辑模型中描述的每个结果推导衡量指标，并确认预期结果。

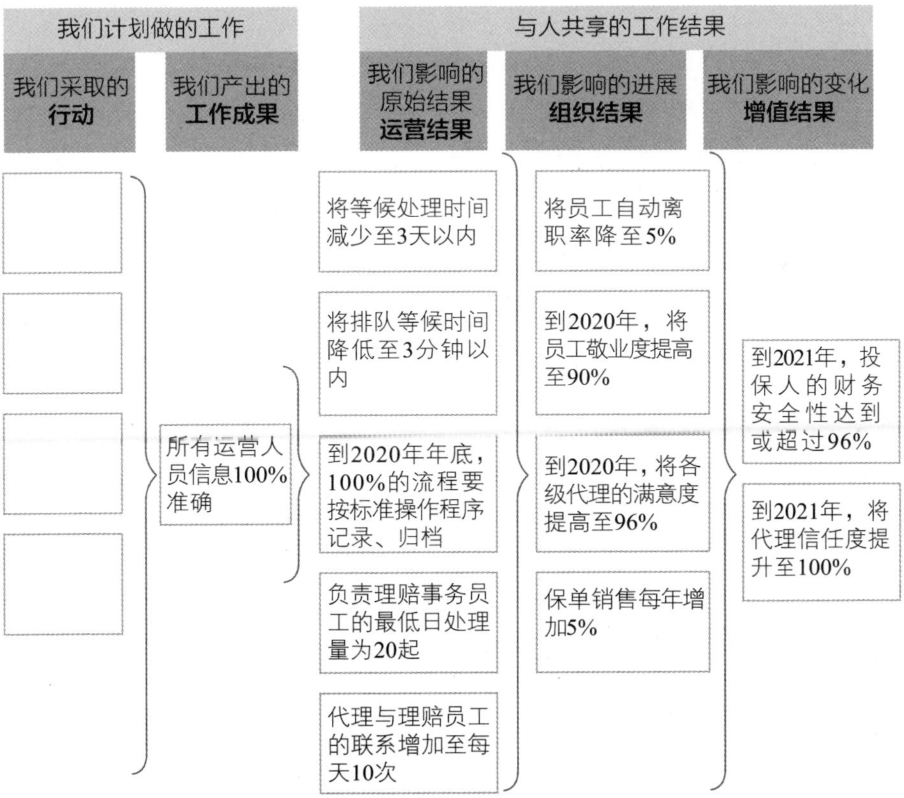

图4-2　逻辑模型

衡量指标

并非所有结果都可以直接且容易地被观察到或被衡量。有时你必须确定衡量指标，即在一段时间内，系统跟踪的、可观察的、特定的变量，这些变量表明向目标进展（或没有进展）的情况。衡量指标被用于衡量：

- 某个结果的存在
- 某个结果的程度
- 获得某个结果的途径
- 使用的级别
- 某个结果出现的范围
- 某个结果的关联性
- 某个结果的特性
- 取得某个结果所需的努力

你选择的衡量指标必须与被衡量的结果直接相关，并且你可能需要多个衡量指标来衡量某些结果。例如，客户满意度可以通过各种方法来衡量，根据选择的衡量指标，你可能绘制出不同的数据图表。衡量客户满意度的最常用衡量指标之一是通过客户调查获得的客户满意度分数。然而，这些调查告诉你的情况可能与发生的真实情况不同。你的公司可能会有相当不错的客户服务评分，但你的客户推介率可能相对较低；你的产品回报率高，但再次交易量低。

这并不意味着你必须收集和比较每个衡量指标数据。选择哪些衡量指标作为数据的基础，你应该考虑成本效益方面的因素。重要的是，你用来衡量结果的衡量指标会影响你对事实的理解及对现实的解释，这反过来会影响你建议的解决方案。

过去几十年人们已提出许多绩效衡量指标框架，其中包括卡普兰和诺顿的平衡计分卡，林奇（Lynch）和克罗斯（Cross）的绩效金字塔，菲茨杰拉德（Fitzgerald）、约翰斯顿（Johnston）、博瑞格纳尔（Brignall）和斯瓦斯特拉（Sivestro）提出的结果和决定因素框架，以及尼利（Neely）、亚当斯（Adams）和肯纳利（Kennerly）的绩效棱柱模型。你的组织可能会使用其中任何一个或哪个都不用。你的任务是确定与你尝试解决的绩效问题有着特别关系的结果和衡量指标，并确定哪些方法能够最好地评估你提出的解决方案的有效性。表4-3提供了一些可以使用的衡量指标示例。

表 4-3 衡量指标示例

级别	要求的结果	指标示例
增值	提高客户生活质量	• 因组织产品导致的伤残事故 • 因组织产品导致的死亡事故 • 公众形象
	为社区的健康发展做出贡献	• 有毒物质污染的报告（合格证书和/或违规） • 为社区做出的经济贡献
组织	提高利润	• 收入 • 支付的费用 • 总资产
	提升客户满意度	• 客户满意度得分 • 客户忠诚度 • 客户投诉 • 活跃账户的平均持续时间 • 每个账户销售的产品数量
	提升员工满意度	• 员工满意度得分 • 不满意申诉 • 记录在案的投诉 • 绩效水平 • 离职率 • 旷工

续表

级　别	要求的结果	指标示例
运营	增加销售	• 销售的产品（服务或商品） • 新开账户 • 存货周转率 • 销售量 • 每个渠道的销售量 • 频数（销售交易数量）
	提高生产质量	• 生产率 • 出错率 • 效率 • 返工 • 拒收

有了初步列出的所选一致性级别的结果和衡量指标，你就可以与利益相关者团队分享这些内容，以便与他们就相关的、战略一致性的价值达成一致。这点可以在正式会议或非正式会议上进行，具体采用哪种方式取决于你所处的具体情况。无论是正式会议还是非正式会议，这些结果和衡量指标都不应该出乎利益相关者团队的意料，因为你在进行战略一致性过程的每个步骤和阶段时，都应该与他们保持密切联系和合作。

卡伊与团队见面，讨论了组织目标与战略优先级和每个利益相关者所表达的预期之间的关系，此处将这些关系表达为期望的结果（见图4-3）。该团队饶有兴趣地进一步观察这张图以进一步了解更多的相互关系，然后他们开始讨论潜在的连锁反应，以及每个级别的结果如何相互影响。卡伊在这里找到了关键点，并开始为每个特定结果寻找证据。卡伊强调，每个人都知道他们希望组织发展到哪一步，另外，能够看到当前的结果也是件很有意思的事情。然后，卡伊引导小组讨论哪些证据可以展示组织的绩效情况。她还把团队决策记录下来并归档，将其作为每个结果的衡量指标。

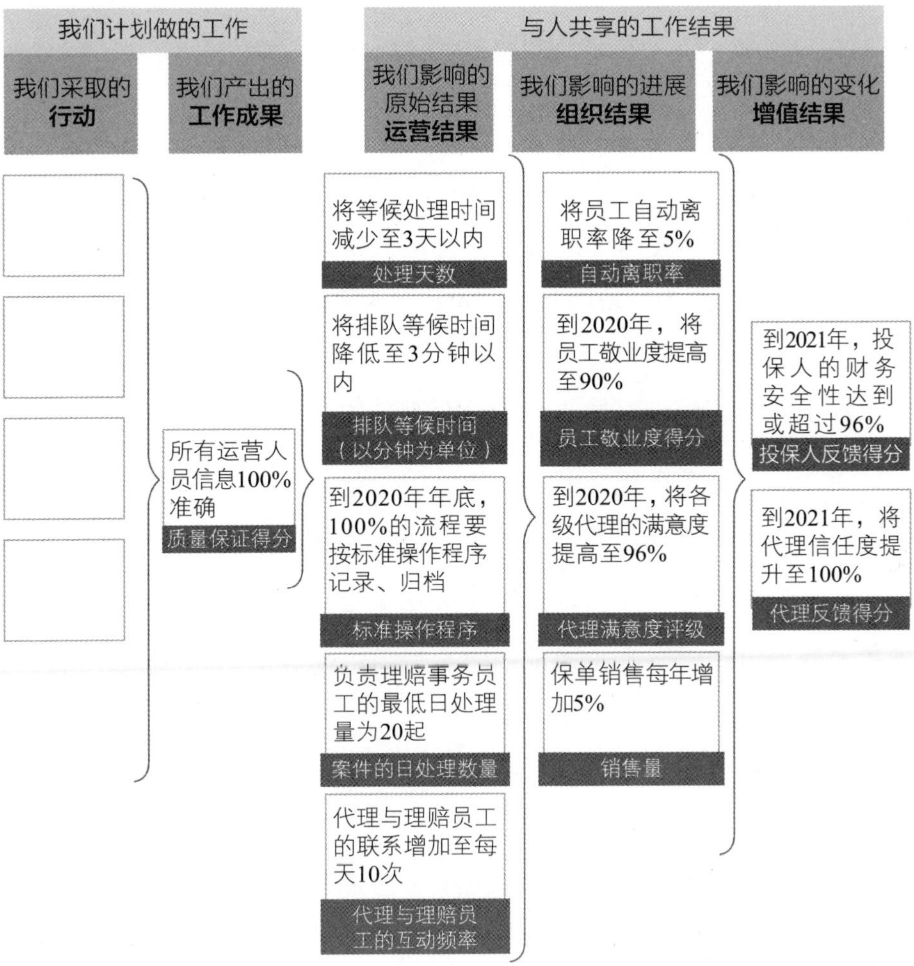

图4-3　衡量指标与结果的一致性

目标

在对感兴趣的结果达成不可撤销的一致意见后，你还希望确保每个衡量指标都有目标。目标是指在特定时间内完成某个特定衡量指标的预期特定级别。目标激励人们去实现，因为目标使人有了要追求的、实在的东西。目标还帮助你说明进展是否达到、低于或高于预期，这个意义上的“预期”就代表着特定目标。 因此，目标帮助我们发现差距并产生采取纠正措施的动力。

例如，如果目标是在今年年底之前将东北地区销售团队的销售成交率提高到30%，那么你的衡量指标是“销售成交率”，你的目标是30%。当你收集有关销售团队当前销售成交率的数据并发现这个团队的销售成交率实际上是17%时，你就可以将13%（30%−17%）解释为差距，对于差距的分析有助于理解差距存在的原因，从而采取适当的纠正措施。

在经过审核的文档中或组织使用的管理信息系统中，你可能会找到目标。许多组织使用自动记分卡或指示板，以电子方式跟踪组织相关数据并提供计量以表示当前绩效水平与目标绩效水平间的差距。在某些情况下，这些目标可能尚不明确，你和你的利益相关者希望根据过去的绩效、最佳员工绩效、行业标准或专家评判来共同设定适当的目标。重点是你必须有特定的目标，来与实际绩效水平进行比较。

确定实际结果的级别

在前一个阶段中，你花时间查看组织的记录、报告和系统，并与利益相关者沟通、确认应该使用哪些成功的衡量指标来指导和展示有价值的结果。同时，你应该一直寻找具体目标，来表明该目标的预期完成级别。

在这一阶段，你收集有关实际绩效水平的数据。识别某个既定衡量指标的实际结果级别，常用的方法诸如记录、报告、文件审查等。

其他数据可能无法直接获得，因此你必须采用相关方法进行收集。例如，你已经通过销售报告确定了销售成交率的巨大差距。现在你想确定组织的销售流程是否存在差距，以及东北地区销售团队实际正在做什么。观察也许是确定这点的最合适的方法。你甚至可以设置两个不同的组来进行观察，一组由达到销售成交率目标的销售人员组成，另一组则由一直未达到销售成交率目标的销售人员组成。你将观察他们所采用的销售流程，并将他们的销售流程与组织流程中的步骤进行比较，在进入实战工作之前他们都曾接受了大量的有关组织流程的培训和实践。你可能还想观察两组之间的一些其他差异，而这些差异可以对绩效差距做出解释。（第五章将更详细地探讨识别绩效差距根本原因的过程，这里需要注意的是，你不会总看到实际结果的数据整齐地排列在报告中或计算机屏幕上。）

收集当前绩效级别数据的方法有很多，包括调查、焦点小组、知识测试和其他各种方法。在规划数据收集时，请注意以下几点。

要考虑你正在寻找的数据类型，以及你正在考虑使用的方法和工具是否适合这些类型的数据。例如，你正在寻找销售团队的销售量，但你不希望进行调查或组成焦点小组，你希望直接查看组织的销售量记录。或者，你希望衡量销售团队对销售激励措施的满意度，你可能在组织记录中找不到这些数据，于是你会就满意度直接询问销售团队。

收集人们观点、态度和意见的方法有很多种，包括调查、问卷调查和访谈。选择哪种方法取决于你的团队规模、团队成员在地理位置上的分布、你可用的资源（包括时间和资金），甚至你或学习与发展团队中的某人是否具备设计和部署这些方法的专业知识。

在决定使用哪些衡量指标来报告结果之后，卡伊启动了关于数据收集过程管理的讨论。例如，团队会从哪些人或哪里获取这些数据，如何获取这些数据，以及如何分析这些数据。卡伊在表4-4中记录了团队的决定。

表 4-4　数据收集策略模板

结　果		数据收集			
		衡量指标	来　源	方　式	数据分析
利益相关者和组织的预期		提供进展所需数据	数据来源于何人、何地	数据如何收集，收集间隔多久	数据分析的方式、时间及间隔时间
增值结果	到2021年，投保人的财务安全性达到或超过96%	投保人反馈得分	行政主管	由网络开发团队所做的投保人反馈报告的年度审核	每年12月由网络开发团队进行同意 / 不同意分析
	到2021年，将代理信任度提升至100%	代理反馈得分	行政主管	由网络开发团队所做的投保人反馈报告的年度审核	每年12月由网络开发团队进行同意 / 不同意分析
组织结果	将员工自动离职率降至5%	自动离职率	HR绩效管理系统	HR报告的季度审核	每年3月由全职人员或志愿者及技术主管进行分析
	到2020年，将员工敬业度提高至90%	员工敬业度得分	InsCo1和InsCo2的员工	员工敬业度年度问卷调查	每年3月由技术主管进行部门员工平均得分分析

续表

<table>
<tr><th colspan="2" rowspan="2">结　果</th><th colspan="4">数据收集</th></tr>
<tr><th>衡量指标</th><th>来源</th><th>方式</th><th>数据分析</th></tr>
<tr><td rowspan="2">组织结果</td><td>到2020年，将各级代理的满意度提高至96%</td><td>代理满意度评级</td><td>行政总管</td><td>由网络开发团队所做的代理满意度年度审核</td><td>每年12月由网络开发团队进行满意/不满意分析</td></tr>
<tr><td>保单销售每年增加5%</td><td>销售量</td><td>销售经理</td><td>销售月报</td><td>由销售部门经理进行目标与当前状况分析</td></tr>
<tr><td rowspan="5">运营结果</td><td>将等候处理时间减少至3天以内</td><td>处理天数</td><td>内部处理软件报告</td><td rowspan="4">理赔部门对运营报告的每日文档审核</td><td rowspan="4">理赔部门经理根据目标与现状分析每日报表</td></tr>
<tr><td>将排队等候时间降至3分钟以内</td><td>排队等候时间（以分钟为单位）</td><td>呼叫中心报告</td></tr>
<tr><td>到2020年年底，100%的流程要按标准操作程序记录、归档</td><td>标准操作程序</td><td>内部处理软件报告</td></tr>
<tr><td>负责理赔事务员工的最低日处理量为20起</td><td>案件的日处理数量</td><td>内部处理软件报告</td></tr>
<tr><td>代理与理赔员工的联系增加至每天10次</td><td>代理与理赔员工的互动频率</td><td>呼叫中心报告</td><td>理赔部门对运营报告的每日文档审核</td><td>理赔部门经理根据目标与现状分析每日报表</td></tr>
<tr><td>学习结果</td><td>所有运营人员信息100%准确</td><td>质量保证得分</td><td>质量分析报告</td><td>质量保证报告的月度审核</td><td>高级质量分析师进行目标与当前状况分析；识别错误模型</td></tr>
</table>

估计预期结果和实际结果之间的差距

一旦你为每个衡量指标选择了具体目标，并收集了有关实际结果的数据，你就希望以清晰简明的方式对预期结果和实际结果之间的差距进行确定。这是一个关键的步骤，因为你希望得到一个精确的数字，以帮助所有参与人员了解从目前绩效水平到他们想达到或应该达到的绩效水平之间存在的差距。例如，如果你的销售团队的成交率目标是40%，而实际上是25%，那么团队目前离其目标还差15个百分点。因为需要去除15%的差距，所以你选择的解决方案的总体目标是帮助团队将成交率至少提高15%。

在下一阶段进行因果分析时，你就能够将潜在解决方案与具体原因进行一对一对应了。注意这种识别需求的方法与客户的以“我需要……”开始的请求之间的区别。他们真正想要说的是“我想要……”或“我想我要……”。客户可能需要多个解决方案，部分原因是组织本身就是一个系统，正如本书所讨论的那样，它有多个相互作用和反复出现的范式，这些范式互相强化，从而推动并形成了我们正在定义的问题。

你可能发现在表中进行差距说明比较有帮助，如表4-5所示。

表 4-5　差距示例

	预　期	实　际	差　距
与增值结果保持一致	• 零事故 • 零死亡 • 零客户投诉	• 每年 10 起事故 • 每年 1 人死亡 • 每年 8 起客户投诉	• 每年 10 起事故 • 每年 1 人死亡 • 每年 8 起客户投诉

续表

	预　期	实　际	差　距
与组织结果保持一致	• 最低市场占有率为 40% • 最低净利润率为 35%	• 市场占有率为 30% • 净利润率为 23%	• 10% 市场占有率 • 12% 净利润率
与运营结果保持一致	• 每季度销售和服务的新客户至少达到 20 个	• 每季度 10 个新客户	• 每季度 10 个新客户
与学习结果保持一致	• 100% 的客户服务代理遵循呼叫升级协议 • 所有员工均能接受培训	• 67% 的客户服务代理遵循呼叫升级协议 • 98% 的员工能接受培训	• 33% 的客户服务代理不遵循呼叫升级协议 • 2% 的员工不能接受培训

请记住你在前一阶段与利益相关者就一致性级别做出的承诺，该承诺将对此阶段的工作范围产生影响，而且你可能没有全部四个级别的数据。你的工作范围可能是针对学习和运营级别的，但可能没有就评估组织或增值级别上的结果差距与利益相关者达成共识。为了从战略上与你的解决方案保持一致，你希望将解决方案与组织结果和增值结果联系起来。否则，你可能会获得运营一致性，但无法确定你是否保持了战略一致性。

卡伊将来自每个确定来源的数据进行了整理，然后与几位利益相关者合作进行数据分析，以确定并记录差距，即InsCo1的实际结果和预期结果之间的差距。卡伊将结果与差距模板（见表4-6）转发给每个利益相关者进行审核，以便为在下次会议上讨论这些差距做好准备。

表 4-6　结果与差距模板

结　果		衡量单位			
		衡量指标	预　期	实　际	差　距
利益相关者和组织的预期		提供进度所需数据	我们希望达到的水平	目前所处水平	预期与实际的差距
增值结果	到 2021 年，投保人的财务安全性达到或超过 96%	投保人反馈得分	96%	94%	−2%
	到 2021 年，将代理信任度提升至 100%	代理反馈得分	100%	93.5%	−6.5%
组织结果	将员工自动离职率降至 5%	自动离职率	5%	12%	−7%
	到 2020 年，将员工敬业度提高至 96%	员工敬业度得分	96%	94%	−2%
	到 2020 年，将各级代理满意度提高至 96%	代理满意度评级	96%	A 级：92% B 级：91% C 级：94%	A 级：−4% B 级：−5% C 级：−2%
	保单销售每年增加 5%	销售量	5 250	5 000	−250
运营结果	将等候处理时间减少至 3 天以内	处理天数	<3 天	10 天	7 天
	将排队等候时间降至 3 分钟以内	排队等候时间（以分钟为单位）	<3 分钟	18 分钟	15 分钟
	到 2020 年年底，100% 的流程要按标准操作程序记录、归档	标准操作程序	58%	100%	−42%
	负责理赔事务员工的最低日处理量为 20 起	案件的日处理数量	每天 20 起	每天 10 起	每天 10 起
	代理与理赔员工的联系增加至每天 10 次	代理与理赔员工的互动频率	每天 10 次	每天 5 次	每天 5 次
学习结果	所有运营人员信息 100% 准确	质量保证得分	100%	72%	−28%

有了明确的业务需求清单，你就可以开始调整解决方案的过程。需求（或问题）与解决方案之间的桥梁是因果分析。开出的处方应该治疗根本原因，而不仅仅治疗症状。

与结果保持一致清单

使用这个清单来确保你已经涵盖了与结果保持一致所需的全部因素。

一致性因素	是 / 否	如何做到
我的战略性思维		
我识别了组织预期结果和实际结果之间的差距	是 / 否	
我已经评估了绩效背景	是 / 否	
我的批判性思维		
我已经识别了组织预期结果和实际结果之间的差距	是 / 否	
我从不同角度对信息进行了综合	是 / 否	
我确定了从所有相关来源收集到的信息的可信度	是 / 否	
我已经仔细地综合了数据，以确定合适的一致性级别	是 / 否	
在收集数据时，我尽可能地使用现有的信息以避免重复	是 / 否	
我与利益相关者合作		
对于争议或困难的问题，我提出了有说服力的论据	是 / 否	
我运用我的有效倾听技巧，从利益相关者的角度更好地理解价值	是 / 否	
与利益相关者合作，确定关键的成功标准和绩效改进衡量指标	是 / 否	
我通过认可和奖励团队目标的实现而不是个人绩效来推动团队合作	是 / 否	
通过与组织中的其他团队合作，我与他们建立了伙伴关系并减少了筒仓式工作	是 / 否	
我支持并致力于集体决策，这些决策促进了团队合作，并推动个体承担责任	是 / 否	

第五章

与解决方案保持一致

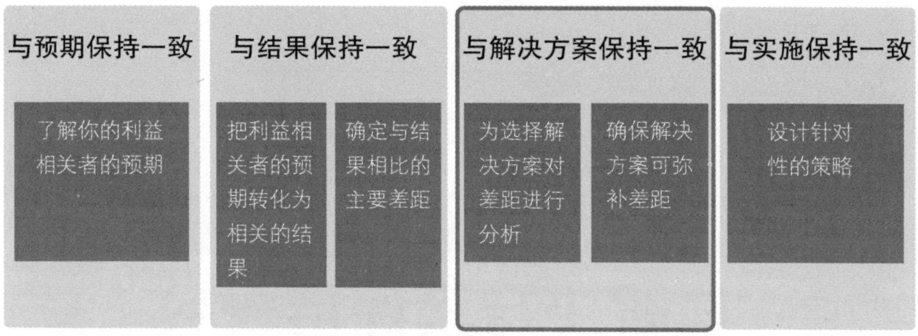

就开发和交付所需的时间、金钱和精力而言，人才发展及其他绩效改进解决方案对于组织来说可能是昂贵的付出。但是，当解决方案与绩效结果适当保持一致的时候，这些解决方案就不再被视为“一次性工作”，相反，它们对于组织及其设计对象——员工来说，具有战略性意义和价值。

在与解决方案保持一致阶段，针对需要解决的绩效差距问题和如何解决绩效差距问题，你一直致力于制定与战略保持一致的协作决策。你的目标是找到最佳的投资解决方案——最可能被员工采用、得到最高投资回报、即时实施的解决方案。表5-1列出了要实现的目标和为实现目标而设计的活动。

表 5-1　与解决方案保持一致：目标和活动

要实现的目标	为实现目标而设计的活动
• 分析并将目标与绩效差距保持一致 • 确定绩效差距的一致性级别	• 将绩效差距与结果级别保持一致 • 共同确定需要解决的差距

续表

要实现的目标	为实现目标而设计的活动
• 确定绩效差距的根本原因	• 进行根本原因分析 • 识别成功实施解决方案的障碍和支持
• 分析并选择与绩效差距保持一致的解决方案	• 确定解决方案选择标准 • 促进解决方案选择标准的制定 • 确定促进解决方案成功且持续性实施的关键要素 • 选择解决方案
• 不断反思自己的工作	• 不断核对"与解决方案保持一致"清单以评估绩效

分析绩效差距

在与结果保持一致阶段的最后一步，你绘制表格比较了实际绩效与预期绩效。这种对比使具体的、可衡量的绩效差距得以显现（每年10起事故，10%市场占有率，每季度10个新客户）。将这些差距作为证据，你现在可以与利益相关者讨论处理哪些差距，忽略或推迟处理哪些差距。

使用上一阶段的信息，卡伊确定了每个级别在一致性上的差距。

- 增值
  - —−2% 投保人反馈得分
  - —−6.5% 代理反馈得分

- 组织
  - —−7% 自动离职率
  - —−2% 员工敬业度得分
  - —−4%（A级），−5%（B级），−2%（C级）代理满意度评级
  - —−250 销售量
- 运营
  - —+7天 处理天数
  - —+15分钟 排队等候时间（以分钟为单位）
  - —−42% 标准化操作程序
  - —−10 案件的日处理数量
  - —−5 代理与理赔员工的互动频率
- 学习
  - —−28% 质量保证得分

与项目团队的下一次会议的目的是查看绩效结果中的差距。在查看证据时，卡伊以具体的、可衡量的术语描述了绩效差距。团队注意到，没有任何一个绩效差距被描述为“需要……”，例如，杰西第一次与卡伊联系时就提出需要进行团队建设培训来解决理赔部门的问题。调查真正的绩效差距有助于团队发现问题所在。有了支持解决方案选择决策的证据，卡

伊带领团队制定了战略决策，在学习与发展工作和业务之间建立了战略一致性，并加强了与利益相关者的战略关系。

根据卡伊的例子，这些差距会影响所有四个级别的结果：增值、组织、运营和学习。但是，你无法一次性解决所有绩效差距，因此确定你和你的利益相关者将采用哪些标准来处理绩效差距是很有帮助的。你应该首先处理哪些差距？其次处理哪些差距？你应该一次性处理几个差距吗？

为了更好地理解需要处理的绩效差距，对于你和你的利益相关者来说，根据业务背景和实际情况来共同协商和决定标准是非常重要的。这样，大家就可以在做决策之前对如何进行决策选择达成共识。你的利益相关者可能需要考虑的一些重要标准包括：

- 处理差距的优先级有多高？
- 差距会影响哪些员工、部门及客户？
- 处理差距的工作范围是什么？处理差距所涉及的财务和非财务成本有多少？
- 处理差距对管理层的重要性如何？对员工和客户的重要性呢？
- 若不处理差距，预期的财务和非财务后果及风险是什么？
- 差距的大小是多少？
- 对更高的一致性级别有何潜在后果？

卡伊的团队审核了绩效差距清单，对话很快就转移到与利益相关者协商有关最重要的问题上了。卡伊要求每个利益相关者单独完成差距选择标准评价量表（见表5-2），根据标准对解决方案的重要性进行排序。通过共同确定这些标准，卡伊接下来就能与利益相关者建立战略关系，更深入地了解他们用于制定决策的标准，从而知道如何才能成功地满足利益相关者的预期。

卡伊归纳总结了每个利益相关者的回答，并借此确定了应处理哪些差距及何时处理这些差距的标准（见表5-3）。

表 5-2　差距选择标准评价量表

差距选择标准	描述及注意事项	利益相关者的评级（3= 高；1= 低）		
		杰西	马特	克里斯汀
优先级	• 高——必须马上处理 • 中等——可以近期处理；也可以放到以后阶段或推迟处理 • 低——可以忽略	3	3	3
处理差距涉及的范围	• 做此项工作所需的活动和任务 • 做此项工作所需的资源 • 做此项工作将产生（和不产生）的结果 • 处理此差距的预期成本 • 与处理此差距相关的假设	1	2	2
处理差距对其他人的重要性	• 高——处理此差距对别人是重要的 • 中等——处理此差距对其他人有些重要或对我们的某些利益相关者是重要的 • 低——处理此差距对别人不重要	2	3	2
预期结果	• 处理和不处理绩效差距的潜在结果	3	2	1
量级	• 差距的影响有多大	2	3	3

续表

差距选择标准	描述及注意事项	利益相关者的评级（3= 高；1= 低）		
		杰西	马特	克里斯汀
成本	• 处理或不处理该差距的资金预算的上限是多少 • 处理或不处理该差距的非资金预算的上限是多少	2	1	2
其他一致性级别	• 处理该差距对其他一致性级别会产生什么影响？对其他差距会产生什么影响 • 不处理该差距对其他一致性级别会产生什么影响？对其他差距会产生什么影响	2	1	2
资源	• 处理该差距需要动用哪些资源 • 不处理该差距会消耗哪些资源	1	3	2

表 5-3　差距决策标准评分表

人名	优先级	范围	重要性	结果	量级	成本	级别	资源
杰西	3	1	2	3	2	2	2	1
马特	3	2	3	2	3	1	1	3
克里斯汀	3	2	2	1	3	2	2	2
总计	9	5	7	6	8	5	5	6

根据各方同意的决策标准，团队选择的差距为：

- 组织需要优先考虑的差距。
- 在组织内和组织外产生最大影响的差距。
- 对组织和利益相关者具有重要意义的差距。

采用各方同意的决策标准，团队就优先级和现在可以解决的差距数量进行协商讨论。他们考虑了一些问题，如哪些竞争优先级可能影响选择的差距数量，何时处理这些差距，以及是否应该一起处理或按顺序处理这些差距。卡伊的团队确定了四个要立即处理的差距，这四个差距符合大家认可的最重要的标准，以下按其重要性顺序列出：

- 低于标准28%的信息准确性。
- 分别低于标准4%（A级）、5%（B级）、2%（C级）的代理满意度评级。
- 高于标准7天的等候处理时间。
- 高于标准15分钟的排队等候处理时间。

你的团队还要考虑如何处理那些没有被立即处理的差距。是否会推迟选择这些差距的解决方案？是否会进行监控以便之后进行决策？是否完全放弃处理这些差距？你要跟踪这些差距，随着新问题、新机会的出现，你可能会将影响组织绩效的其他变化与这些差距联系起来。随着战略一致性工作的持续，你会获得新信息，组织的压力点也会变得更加明显，这样你便能够更好、更快地完成工作。

现在你与你的利益相关者已经一起确定了要处理的绩效差距，接下来你们可以就所选定的差距适合哪个一致性级别达成共识。通过与利益相关者一起这样做，你将帮助团队为绩效问题选出最合适、最一致的解决方案。你的利益相关者不仅会参与解决方案的决策和实施，还会对合作产生的结果承担责任。

请记住，根据系统性观点，无论绩效差距处于一致性的哪个级别，它都与其他级别有关系。例如，“低于标准每天5次的代理与理赔员工的互动频率”这一绩效差距隶属运营级别，但其互动次数则与学习、组织及增值级别的结果有关。因此，你必须预测并考虑绩效差距对其他一致性级别的影响。

确定绩效差距的根本原因

你和你的利益相关者通过沟通得到对绩效差距的共同理解。你的下一步是确定绩效差距背后的原因。在很大程度上，解决方案选择及实施工作的有效性取决于发现绩效问题的根本原因。或者说，你必须首先确定妨碍或限制达到所期待的绩效水平的因素。

要找到绩效问题的根本原因，你必须深入挖掘。请求者遇到的问题可能只是冰山一角，正是在表面现象的下面，你将发现自己能做出更大战略贡献的机会，你将揭示涉及文化与绩效的模式和关系。当进一步深入挖掘时，你会处于一个选择解决方案的有利位置，在这个位置上，你选择的是针对原因的方案而不是针对症状的方案。此时，对话将超出组织如何处理差距的范围，还包括讨论导致这种处理的原因。有了这些信息，你就有最大的机会来选择最有可能成功的解决方案，并避免浪费资源，甚至避免更糟——浪费绩效结果。

卡伊的团队确认了四个需要处理的差距，每个差距都需要深思熟虑地去调查它们的根本原因。在与项目团队会面之前，卡伊考虑了如何通过团队选择的最大差距来引导发现根本原因的对话，即低于标准28%的信息准确性。卡伊有两种引导对话的选择。

对话选项1：

根据确定的目标差距（−28%信息准确性），该团队将讨论处理差距的潜在解决方案。团队成员分享了有关解决方案的想法，这些大多是团队习惯使用的想法。该团队非常肯定地认为对理赔员工进行产品培训是最有效的方法。卡伊随后开始询问实施解决方案的有关问题：有多少人接受培训？培训需要多长时间？培训内容应涵盖哪些特定的客户服务主题？

对话选项2：

根据确定的目标差距（−28%信息准确性），团队讨论为什么反馈分数低于100%的目标。团队成员分享了有关原因的想法，其中涉及个人原因。例如，理赔员工没有动力去做该项工作，因而导致错误；同时还有一些环境原因，例如，理赔员工接收到相互矛盾的产品信息，这会导致错误。团队成员修正了他们的想法，讨论了每个想法会如何影响绩效，并就实现预期绩效所需的要求进行了商讨。

对话选项1是常见工作环境下的典型方法。快速决策意味着快速行动，而快速行动通常会得到回报。但请注意，从讨论解决方案到讨论原因——在方向上的细微变化可以对团队选择的解决方案的有效性和效率产生有益的影响，在学习与发展团队和利益相关者的关系上也可产生有益的影响。

在对话之后，很明显卡伊正在与杰西建立战略伙伴关系。卡伊与其他利益相关者一起讨论绩效差距，决定处理哪些差距，并获得了当前业务挑战的相关知识，同时卡伊也越来越相信该团队的解决方案决策将满足业务需求。

托马斯·吉尔伯特（Thomas Gilbert），这位曾在B.F.斯纳金（B.F.Skinner）指导下学习的工业心理学家，强调了在检查工作场所绩效时考虑个体和环境因素的重要性。你可能听到管理者在解释绩效结果差的原因时说“员工没有动力”或“员工只是不想这样做”。这些假设将绩效问题的责任完全归咎于行为人个体。然而，吉尔伯特认为个体的绩效不会在真空中发生，而是个体与其环境互动的结果。因此，在分析绩效时，你不仅要考虑个体的绩效，还要考虑绩效在工作环境中产生的位置和方式。

个体因素和环境因素都可以对绩效产生影响，而环境因素是最大的障碍。事实上，工作环境是你应该首先观察的，工作环境也恰好是你最可以推动改进的地方。

表5-4列出了一些问题，这些问题可以用来识别隐藏在冰山下的影响绩效的环境因素和个体因素。

表 5-4　影响绩效的环境因素和个体因素

	信　息	资　源	激励政策
影响绩效的环境因素	• 员工是否了解他人对自己的预期 • 是否对预期进行了清楚的定义 • 员工是否收到定期的绩效反馈 • 工作流程是否记录在案	• 员工是否具备达到绩效预期所需的工具、资源和时间 • 员工是否可以得到有关流程和程序的书面文件 • 工作条件是否有利于达成预期绩效	• 员工是否可以得到货币的或非货币的奖励来提高预期绩效 • 工作是否充实或满足员工需求 • 员工是否相信有成功的机会

续表

	知识和技能	能　力	动　机
影响绩效的个体因素	• 员工是否具备达成预期绩效所需的知识和技能 • 员工是否有机会将他们的知识和技能应用到工作中	• 员工是否有学习并达成预期绩效的能力 • 员工是否在合适的岗位上或合适的团队中 • 招募的员工是不是合适岗位的合适员工	• 员工目标与组织目标是否一致 • 员工是否有达成预期绩效目标的愿望

现在卡伊的团队发现了影响（驱动或阻碍）绩效的因素。使用根本原因分析模板（见表5-5），卡伊与利益相关者一起确定了造成目标绩效差距的环境因素和个体因素。在确定这些因素时，卡伊以低于标准28%的信息准确性作为开始，她询问利益相关者："你认为为什么我们在信息准确性方面存在28%的差距？"

表 5-5　根本原因分析模板

	信　息	资　源	激励政策
影响绩效的环境因素	公司政策信息未被归档	理赔员工没有渠道了解公司其他政策	员工职业发展受到限制
	知识和技能	**能　力**	**动　机**
影响绩效的个体因素	理赔员工不了解公司其他政策的特点和利益	理赔员工不知道自己会因为具备何种能力而得到升迁	

一旦利益相关者做出回答，卡伊就通过问"为什么"来要求他们做进一步深入研究。

- 回答1：理赔员工没有向代理提供前后一致的信息。
  - 为什么？
- 回答2：理赔员工采用不同的产品信息来源。
  - 为什么？
- 回答3：理赔员工创建了他们自己的工作辅助和文档。
  - 为什么？
- 回答4：工作流程没有被集中记录和归档。
  - 为什么？
- 回答5：理赔员工无权访问在线工作空间以共享或查看被记录的工作流程。
  - 根本原因。

不断地问“为什么”，卡伊的团队据此来深入研究每个绩效差距的根本原因。并非根本原因分析模板中的所有类别都相互关联，卡伊的团队仅填写了那些适用的、已确定的根本原因。

既然你的团队了解了表面现象背后的实质内容及驱动或限制绩效的原因，那么你现在就可以讨论这些已确定的驱动因素和限制因素，并继续完善你对更大范围绩效状况的认识。分析这些绩效驱动因素和绩效限制因素的有用工具是勒温（Lewin）的力场分析。此工具还用于识别可以推动绩效向预期方向发展所需的解决方案。例如，作为解决方案的培训无法在工作场所独立存在。换句话说，你不能期望员工经过培训重新回到工作岗位后，其绩效能够得到奇迹般的改进。为在所有级别的一致性上取得成效，其他绩效支持也是必要的，如经理每周提供工作反馈及改变员工工作量。

> 卡伊团队使用力场分析工作表（见表5-6）来考虑绩效驱动因素（有助于促进预期绩效达成的因素）和绩效限制因素（阻碍预期绩效达成的因素）。这一做法帮助项目团队认真考虑了工作环境的实际情况。

表 5-6　力场分析工作表

驱动因素（正面）	强度											限制因素（反面）
	+5	+4	+3	+2	+1	0	-1	-2	-3	-4	-5	
领导的支持												新的收购
获取资源的渠道												当前工作量
很好的内部相互依赖关系												缺乏员工

> 卡伊团队在表格的左侧列出了促进预期绩效达成的环境因素及个体因素。然后用+5表示最高驱动强度，0作为中度驱动强度，他们对因素的驱动强度水平进行了评级。接下来，他们在表格的右侧列出了阻碍或限制预期绩效达成的环境因素和个体因素。用−5表示最高阻碍强度，0作为中度阻碍强度，他们对因素的阻碍强度水平也进行了评级。

你可以选择作为一个个体或作为一个团队完成力场分析工作表。在任何一种情况下，对于团队成员来说，分享对预期绩效正在起驱动作用的因素和起阻碍作用的因素的假设都非常重要。通过这样的讨论，你可以更好地确定最适合将当前绩效提升到预期绩效的解决方案。

作为一个团队，请检查你们做出的每个回答，讨论每个确定的因素如何影响绩效，以及需要改变什么才能更好地实现预期绩效。请记住，环境因素对绩效的影响最大，因此，环境因素的变化将比个体因素更有可能改变绩效。

确定潜在的解决方案

哪些解决方案最适合解决绩效问题？你和你的利益相关者团队能够对此做出明智的决策。你知道绩效差距是什么，影响绩效的因素是什么，以及这些因素在多大程度上影响绩效。现在你和你的团队已经可以确定适合的一致性解决方案了。

为了确保解决方案最大可能地被接受、实施，并具有可持续性，最佳做法是与利益相关者一起决定进行这一重要决策的标准。正如你与利益相关者一起分析要处理的绩效差距时那样，你应该与利益相关者一起，确定并协商利益相关者在制定绩效解决方案决策时最重要的标准。

与利益相关者确定最有意义的解决方案时，要思考你拥有的证据及该解决方案长期使用所处的环境，此时需要考虑的潜在标准可参见表5-7。此外，要向利益相关者提出下列问题：

- 什么标准对你而言是最重要的？
- 你选择的标准有多重要？

表 5-7 解决方案选择标准清单

标 准	定 义	评 分
可能性	这个解决方案处理差距的可能性有多大	3—非常可能 2—可能 1—不太可能 0—不可能
适合性	这个解决方案是否适合我们的业务、文化及环境	3— 非常适合 2—适合 1—有些适合 0—完全不适合
支持能力	组织长期支持这一解决方案的能力如何	3—能力强 2—有能力 1—能力低 0—没有能力
障碍与限制	长期实施这一解决方案的障碍与限制是什么	3—没有障碍与限制 2—障碍与限制少 1—有障碍与限制 0—很多障碍与限制
接受度	对长期实施解决方案起影响作用的人和受解决方案影响的人的预期接受度如何	3—很好接受 2—接受 1—不好接受 0—不接受
实施时间	实施这一解决方案需要的预期全部时间为多长	3—没有时间约定 2—实施时间合理 1—实施时间紧张但可以控制 0—实施时间不合理
实施成本	解决方案的总成本是多少（工作量、离开当前工作的时间、维护费用）	3—低于预算 2—合理且在预算内 1—紧张，但可控 0—不合理，无法操作

卡伊知道绩效环境对任何解决方案的成功都是至关重要的。另外，要了解利益相关者用来判断解决方案“是否有效”

的标准，这点对团队与利益相关者之间的战略关系非常重要。即使取得了良好的结果，但如果利益相关者更关心解决方案是否过于昂贵，花费的时间是否过长，或者是否面临员工阻力，那么他们仍然可能认为这个解决方案无效。卡伊使用解决方案选择标准清单，并要求利益相关者确定每个解决方案标准的得分。然后使用评分表（见表5-8），卡伊按类别对各项得分进行统计，并评估它们对每个利益相关者的重要性。该练习回答了以下问题："团队认为最重要的解决方案选择标准是什么？"

表 5-8 解决方案选择标准评分表

评分人	可能性	适合性	支持能力	障碍与限制	接受度	实施时间	实施成本
达娜	2	1	3	2	0	2	1
马特	3	1	2	1	2	0	3
丹尼尔	2	2	2	1	1	1	1
克里斯汀	1	2	0	1	2	1	2
合计	8	6	7	5	5	4	7

团队考虑的优先顺序表明选择的解决方案必须满足：

- 具备处理绩效差距的高度可能性。
- 得到组织的长期支持。
- 将全部成本控制在预算内或低于预算。
- 对业务、文化及工作环境产生意义。
- 组织对实施这些解决方案的阻碍或限制等级为中或低。
- 长期影响解决方案的人和受解决方案长期影响的人对解决方案的接受度为中或低。

- 具备可掌控的时间来实施解决方案。

从这时开始，卡伊团队就可以探索适合绩效差距的潜在解决方案及他们达成共识的决策标准了。使用相同的模板对绩效问题根本原因进行分析时，这些标准有助于成功实施已确定的解决方案。

通过将选定的解决方案输入绩效环境与绩效个体解决方案模板（见表5-9），卡伊团队确定了可以选择的解决方案。团队没有为模板中的每个方框都找到解决方案，只在适用且符合团队共同标准时才将解决方案填进去。

表 5-9　绩效环境和绩效个体解决方案模板

	信　息	资　源	激励政策
绩效环境解决方案	• 知识管理系统 • 每周通讯 • 标准操作流程	• 知识管理系统 • 工作辅助印刷物 • 工作见习	• 绩效管理和衡量系统 • 产出奖励
	知识和技能	**能　力**	**动　机**
绩效个体解决方案	• 知识管理系统 • 客户服务培训班	• 绩效管理系统 • 更新工作描述	

一旦有了一些可供选择的合适的解决方案，你和你的团队便可仔细考虑每个解决方案，特别要回答以下这些问题：

- 每个解决方案适合你所处的环境及当前情况的总体概率是多少？
- 组织长期支持此解决方案的能力如何？
- 长期实施解决方案的成本估计是多少？
- 这个解决方案是否适合你的业务？考虑到你所处的环境及当前

情况，这个解决方案对你的利益相关者有无意义?

- 可能阻碍此解决方案长期成功实施的潜在障碍和限制是什么?
- 你的利益相关者有多大可能接受这个解决方案?
- 长期实施解决方案的时间估计是多少?

通过与客户合作审查和权衡解决方案选择标准，卡伊积极采取行动，与利益相关者共同履行责任，并指导团队选择对组织最有意义的解决方案，同时将人员、文化及现实环境因素纳入考虑范围。

在探讨会期间，运营总监克里斯汀表示了对资源的担心。她解释说，她的犹豫不决在于没有资金去支持那些“看上去应该有用的”解决方案，她非常乐于接受那些与业务需求保持一致的解决方案。通过展示战略流程来确定需求的确存在，需求得不到解决可能产生的影响，以及解决方案如何与有记录的需求保持一致，卡伊便可以确保问题与解决方案保持一致，同时也证明了学习与发展项目真正的战略价值。

根据解决方案选择量表（见表5-10），卡伊的团队集思广益，设想了许多潜在的解决方案，然后根据达成共识的标准对每个解决方案进行了审核。卡伊决定将杰西最初请求的团队建设培训计划包含在分析中。根据团队的解决方案选择标准，卡伊在表的第一行中按顺序排列了潜在的解决方案。团队成员采用对每个解决方案进行评分（潜力最大的方案为3分）的方法来回答“此解决方案与选择标准的接近程度如何”这个问题。通过汇总团队成员给出的所有分数，卡伊确定了最有可能成功的解决方案。

表 5-10　解决方案选择量表

案	解决方案 1： 知识管理系统	解决方案 2： 绩效管理和衡量系统	解决方案 3： 团队建设培训计划
可能性	3	3	1
支持能力	3	2	1
实施成本	2	2	3
适合性	3	3	1
障碍和限制	2	1	2
接受度	3	2	2
实施时间	2	2	2
成功机会	18	15	12

在完成表5-10，并考虑了绩效差距、支持和障碍、解决方案选择标准及组织现状后，卡伊和团队认定前两个解决方案（开发知识管理系统与绩效管理和衡量系统）最有可能实现成功。在团队审核了团队建设培训计划的分数后，他们一致认为培训计划与绩效问题并不一致。这种错位源于高级领导层面临的诸多方面的挑战——开发解决方案所使用资源的分配、理赔部门当前的工作量、理赔员工无法从工作中脱身来参与解决方案，以及对将解决方案整合进理赔员工日常工作中重要性的认识。在做出决定后，卡伊与所有的利益相关者就解决方案的实施和执行细节进行了磋商。

与解决方案保持一致清单

使用这个清单来确保你已经涵盖了与解决方案保持一致所需的全部因素。

一致性因素	是 / 否	如何做到
我的系统性思维		
我概述了不同解决方案的关系和后果	是 / 否	
我的战略性思维		
我建议采取适当的一致性改进措施，帮助组织实现预期结果	是 / 否	
我通过预测多种情况和适当的行动方案来预先做出计划	是 / 否	
我的批判性思维		
我为在数个备选解决方案中进行选择确定了合理的方法	是 / 否	
我运用了元认知知识，从而可以监控自己的绩效	是 / 否	
我与利益相关者合作		
我就促进团队合作方面所负有的共同责任做出了承诺	是 / 否	
我支持、促进各种解决方案的开发	是 / 否	
对于有争议和困难的问题，我给出了有说服力的证据	是 / 否	
我通过认可和奖励目标的实现来推动团队合作	是 / 否	
通过与组织中的其他团队合作，我与他们建立了伙伴关系并减少了筒仓式工作	是 / 否	
我支持并致力于集体决策，这些决策促进了团队合作，并推动个体承担责任	是 / 否	

第六章

与实施保持一致

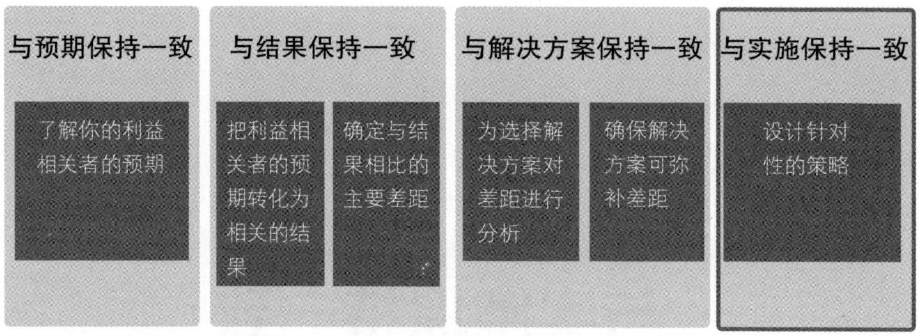

与实施保持一致阶段的工作旨在制定战略一致性的协作决策，以识别解决方案，设计实施、变革管理策略的转变策略，来确保解决方案成功实施及其效果，同时为决策创建监控计划，保证绩效变革按计划进行并可以在出现不一致时做出提醒。在对解决方案选择标准达成共识后，你现在可以与利益相关者就解决方案达成一致了。

为确保所选解决方案的成功和可持续性，你需要与利益相关者共同制订实施计划。计划应包括规划如何管理预期的绩效变革，设计将变革与员工日常工作相整合的转变策略，对应将变革融合到组织的工作流程中，确定有助于持续评估变革的绩效指标，并在变革周期中制定沟通策略。表6-1列出了要实现的目标和为实现目标而设计的活动。

表 6-1　与实施保持一致：目标和活动

要实现的目标	为实现目标而设计的活动
• 设计变革管理策略 • 确定、设计转变策略 • 设计实施策略	• 推出经深思熟虑的变革管理策略，以促进绩效改进工作
• 确定将提供持续绩效反馈的绩效衡量指标 • 设计沟通策略	• 设计监控计划以确保绩效反馈 • 共同协商确定沟通策略以确保绩效反馈
• 不断反思自己的工作	• 不断核对“与实施保持一致”清单以评估绩效

为创造变革和管理变革制订计划

在组织内部设计和实施任何绩效变革都会对员工产生直接影响。因此，变革管理策略必须将人的因素考虑进去。例如，如果你要在工作预期文档化方面引入变革，那么此变革将如何影响工作角色和职责？引入或改变标准操作程序将如何改变员工使用技术的方式？它将如何影响员工的日常工作？它将如何影响员工的士气？

当引入变革时，员工通常会在评估绩效预期时向领导者寻求指导、支持和角色示范。所有领导者是否意见一致并致力于变革？员工如何知道？领导者是否为变革进行建模？他们是否会奖励并认可其他人的变化？领导者能否发表意见、支持体验并消除障碍以支持长期变革所需做出的努力？

虽然领导层和管理层的支持是必要的，但重要的是在组织的各个级别上构建对变革的所有权，尤其是那些日常工作严重受到变革影响的个体——员工。你和项目团队可以参与一些实践活动，以促进绩效改进解决方案的长期整合和成功，实践活动包括：

- 设计转变策略 ——有目的地考虑如何将解决方案应用并整合到员工的日常工作中。
- 设计实施策略——有目的地规划解决方案的实施细节，如完善项目实施范围，确保对提供所需资源的承诺以及制订部署计划。
- 确定绩效衡量指标——与利益相关者协商收集哪些数据用来衡量绩效。
- 监控绩效变革——利用掌握的绩效衡量指标，与利益相关者协商监控计划的细节。
- 制定沟通策略——不要让你的项目“中途夭折”，共同决定谁将以什么频率在什么时间获得项目信息。

设计转变策略

转变策略反映了为确保解决方案在工作中成功应用和整合所做的特定努力。伯克（Burke）和哈钦斯（Hutchins）曾调查了绩效改进专业人士，以此确定实施绩效支持解决方案及将其整合进工作场所的成功策略。绩效改进专业人士指出，应特别强调解决方案所处的环境。这与行业心理学家托马斯·吉尔伯特的想法一致，他认为环境在绩效中扮演的角色比个体更重要。绩效改进专业人士可以通过变化环境而对解决方案的实施和交付进行调整。例如，在员工能够将培训所学应用于工作场所的时候为员工提供培训，这可能会影响培训对象及培训交付的顺序。

其他成功的转变策略也存在于培训设计和交付阶段，其中大部分在你的控制范围内。例如，你拥有工作知识，而且了解任务、员工和环境是如何相互作用的。在设计和交付解决方案时，你可以通过对环境因素的考虑、解释（如在工作中使用解决方案或在工作中强化预期行为所需的时间）来应用这些知识。

实施计划时你还应考虑从旧方法到新方法的转变时间，并承认员工的绩效不会在一夜之间发生变化。例如，你不应期望员工在参加培训课程后马上就会看上去不同，行为方式也不同。绩效会随着时间的推移而变化，转变计划将很好地帮助你达到预期绩效。

卡伊的团队决定开发知识管理系统和绩效管理及衡量系统，因为他们认为解决方案对已经证明了的绩效差距具有针对性，解决方案也符合选择标准。那么如何确保所选解决方案在实施前、实施中和实施后均有成功的最大机会是非常重要的，这就是他们接下来要考虑的策略。

你可以采用各种转变策略来促成解决方案的成功实施和可持续性。如何选择应对策略基于组织的绩效环境。换句话说，你和你的利益相关者将选择最适合组织内部和外部绩效条件的转变策略。以下是实施前、实施中和实施后的转变策略的示例。

- 实施前：

　—准备好达成绩效变革的转变环境（如政策、流程和组织架构）。

　—使管理者（和其他人）确认解决方案、绩效预期，并对结果负责。

- 实施中：

—确定练习和测试的频率。

—强化与奖励。

—提供定期反馈。

—制订行动计划。

—为在工作中使用解决方案提供支持性工具（如工作辅助和清单）。

—维持并确保高质量的沟通。

- 实施后：

—衡量并监控绩效变革。

—规划、协调和促进利益相关者的定期追踪、跟进。

—激励利益相关者不断改进。

—在变革期间提供指导或相关支持（如学习互助小组）。

—宣传和沟通进展与成果。

卡伊的团队合作开发了转变策略样本的清单。然后，该团队确定了具体的任务和活动，用以确保转变策略清单得以应用。接着他们开始考虑实施解决方案的细节。例如，在系统开发之前，团队如何使理赔部门为成功实施知识管理系统做好准备？如何使理赔部门主管使用绩效管理和衡量系统后会得到预期结果？卡伊记录了他们为促进成功实施解决方案而进行的活动（见表6-2）。

表 6-2　为促进成功实施解决方案而进行的活动

解决方案	实施前	实施中	实施后
知识管理系统	• 组建主题专家委员会 • 制定委员会章程 • 将产品知识工具、营销材料和政策文件进行整理、汇编 • 参加与知识管理系统设计和开发相关的信息技术会议	• 进行知识管理系统试用测试 • 编制、审核、批准产品知识工具 • 编制、审核、批准产品信息页面 • 每周向理赔部门提供生产率相关结果	• 促进经验教训会的召开 • 发布产品知识工具 • 每季度向利益相关者提供生产率和满意度结果 • 为持续改进提供建议
绩效管理和衡量系统	• 支持对如何在组织中整合人员和流程进行建模 • 将人力资源工作流程文档化 —招聘 —离职面谈 —报酬及补偿 —工作分析 —设计、开发绩效管理和衡量系统	• 整合工作角色、责任和报酬 • 绩效管理和衡量系统的使用测试	• 促进经验教训会的召开 • 为第二阶段做计划，第二阶段的重点是在组织范围内全面推广绩效管理和衡量系统 • 每季度向利益相关者提供生产率和满意度结果 • 为持续改进提供建议

表6-3提供了设计转变策略时需要考虑的一些问题，以及有助于成功和持续实施转变策略的示例。尽管这些问题对任何环境都适用，但你与利益相关者一起选择的转变策略样本会因绩效环境不同而有所不同。

表 6-3　设计转变策略时需要考虑的问题及过渡策略示例

设计转变策略时需要考虑的问题	转变策略示例
如何在工作中使用解决方案	• 新的或扩展的工作任务
如何在工作中支持解决方案	• 辅导、指导、反馈、岗位见习
在工作中使用解决方案时预期的支持和障碍是什么	• 信息、沟通预期、资源、奖励
员工在工作中使用此解决方案以及将其与工作相整合的机会是什么	• 在工作中立即或延迟使用解决方案 • 在工作中频繁或不频繁使用解决方案
如果有的话，这个解决方案的主题专家是谁	• 在工作中使用解决方案时，谁可以提供支持
这个解决方案的设计计划是什么	• 谁将领导解决方案的设计 • 还有谁参与其中 • 还有谁应该参与其中
这个解决方案的部署计划是什么	• 谁将领导解决方案的交付 • 还有谁参与其中 • 还有谁应该参与其中
在解决方案实施以后，你多久与利益相关者进行一次跟进了解	• 检测解决方案的设计和交付 • 解决方案实施后要及时跟进 • 在解决方案实施后多久进行一次跟进
你将如何跟进正在使用该解决方案的人员？你将如何监控进程	• 观察 • 问卷调查 • 来自使用者的非正式反馈 • 来自客户的反馈 • 焦点小组
你如何、何时与利益相关者沟通进展	• 电子邮件 • 面对面 • 季度情况报告
实施解决方案需要完成哪些任务	• 项目任务（如解决方案的设计、解决方案的交付、解决方案的检测）
你将如何串联这些解决方案	• 一次实施一个解决方案 • 捆绑式实施解决方案 • 与另一个项目相关联

一旦你的小组对决定做出承诺，你便可以进行解决方案的设计和交付了。设计解决方案也是一项协作性工作，包括那些将影响解决方案或受解决方案影响的人。交付解决方案可能是一个人的工作、一个团队的工作或需要大家协作的工作。

设计实施策略

有了转变策略，你现在就可以开始计划所选解决方案的实施了。这时有必要考虑如何以及何时实施解决方案，谁将负责实施解决方案的哪部分，如何安排解决方案的推出顺序，以及确保成功和持续实施解决方案的其他细节。你应该考虑的细节如下所示。

- 项目范围：项目范围告诉你将（和将不会）实施的工作范围。范围包括定义并文档化项目细节，如项目目的、目标、阶段及可交付的成果、里程碑、预算、资源和进度计划。（提示：做范围失控的遏制者！确保你的项目团队和利益相关者认同项目范围。）
- 解决方案的要求：解决方案的要求定义了实现项目目的和目标所需的能力。通过定义解决方案的要求，你会理解在工作中整合解决方案的同时要平衡环境和人为因素的最佳方法。这些要求揭示了成功且有效地采纳和整合解决方案所需的条件。你要考虑可能需要进行环境和人为因素的调整，从而与解决方案保持一致。为了交付解决方案，什么是必须搭建、设计、修改、消除或减少的?
- 资源承诺：资源是成功开展项目所必需的，如人员、预算或工具。请将从项目启动到项目结束整个周期所需的资源记录下来。

- 解决方案设计：解决方案的设计包括设计、开发和测试。与流程的所有其他方面一样，设计解决方案必须与你的利益相关者（那些影响解决方案或受其影响的人）协作进行，并且必须按照解决方案的要求进行设计。

- 部署计划：你的部署计划列出了项目实施的详细流程。例如，谁将收到解决方案？如何收到？什么时候收到？多长时间收到？你的执行计划是什么？解决方案如何与现有优先级或项目相互作用？

你的组织目前很可能有许多关键项目，这些项目处于其生命周期的不同阶段，有些项目刚刚起步，有些项目处于实施阶段。对于你的利益相关者而言，重要的是不要将解决方案当作一时的热衷或与其计划相抵触的项目。因此，你和你的项目团队可能会考虑解决方案所处的环境及他们如何与该环境交互。其他需要考虑的事项包括：

- 一次可以同时接受几个建议？

- 如果有的话，可能会影响解决方案实施的组织中的竞争优先级是什么？

- 该组织的什么举措可能会与你的解决方案同时出现？

- 在项目整个存续周期中，这些建议将如何影响资源的可用性？

- 过去还实施了哪些其他解决方案？结果如何？从中吸取了哪些教训？

接下来，你将和你的利益相关者讨论实施所选解决方案的优先级。因为一些因素的影响，如时间安排、受影响员工的工作量或竞争的优先级，组织可能一次只能处理一个或两个解决方案的实施。使用以下清单作为指南，以确定实施解决方案的优先级或顺序。

- 第一优先：

  —对最高一致性级别产生最大影响的组织关键问题。

- 第二优先：

  —可以改变组织现有惯例的解决方案，解决方案能被快速采用并为后续解决方案的构建奠定基础。

- 第三优先：

  —可以改善工作流程或程序的解决方案。

- 第四优先：

  —可以改善员工技能、能力和敬业度的解决方案。

卡伊的团队决定同时采用两个解决方案。该团队认为负责执行设计、开发和交付解决方案（信息技术、人力资源和理赔部门）任务的团队已经到位，而且领导团队也已准备好提供资源以推进项目。该团队还考虑了组织的执行文化，特别是对效率、有效性和及时性的强调。同时实施两个选定的解决方案使团队能够加快流程、整合资源并促进协同工作。

随着卡伊和团队开始进入解决方案设计的第一阶段，他们进一步确认了选定的实施策略，并就他们的角色和期望进行了协商。卡伊还通过参考已完成的数据收集模板，与利益相关者协商监控计划，并将监控计划与团队已发现的结果的初始差距相联系。卡伊还建议考虑其他指标。例如，除了使用年度员工敬业度评分来评估员工敬业度，团队还可以考虑其他中间指标，这些指标可以告诉他们解决方案是否按计划执行，并在解决方案达到预期之前增加调整的机会。该团队一致认为，收集这些数据是有用的，可以提供及时的见解，而且数据可以相对容易地从人力资源部门的离职谈话中获取，进而加深了对员工敬业度水平的理解。行政主管将加班费作为另一个中间指标，通过这个指标，你可以深入了解解决方案的实施情况。

卡伊随后更新了数据收集模板，在模板里增加了用于监控结果的空格，并在团队日历上添加了提醒事项，以提醒组织人员编辑和分析数据，反思结果和持续改进的机会，根据计划和达成的协议与利益相关者按时分享结果。

确定绩效衡量指标

在实施解决方案之前，最好就监控绩效改进的衡量指标与利益相关者达成一致。不要等解决方案到位一段时间后再确定监控与评估计划。在战略一致性过程的早期阶段，你便获得了解决方案到位之后适用于评估员工绩效的绩效衡量指标信息（包括利益相关者的看法和从各个层级获得的结果）。你可以根据四个一致性级别来整理归纳该信息。表6-4提供了每个一致性级别的结果示例，以及绩效衡量指标示例。

表 6-4 一致性级别的结果和绩效衡量指标示例

一致性级别	结果示例	绩效衡量指标示例
增值	将解决方案与外部客户、社会或社区的需求保持一致	• 客户满意度 • 死亡率 • 护理途径 • 教育途径 • 国内生产总值 • 就业率 • 犯罪率
组织	将解决方案与组织的底线保持一致	• 同比销售额 • 年利润 • 净增长量 • 客户保留率、获得成本、投诉 • 一次成功解决率 • 员工离职率 • 填补职位空缺所需时间 • 员工满意度
运营	将解决方案与个人或团队的特定成就保持一致	• 开发潜在客户 • 销售周期 • 项目周期 • 交付准时率
学习	将解决方案与工作方式保持一致	• 错误与缺陷 • 流程的改进 • 效率

卡伊不断向利益相关者重申，解决方案的部署不是理赔部门内学习与发展和挑战相互作用的结束，而是协同工作的开始，由此可持续构建切合实际的预期。卡伊强调，一致性的解决方案是对组织的战略投资，因此需要持续不断的检查，以确保所做的决策是正确的，并为未来决策提供信息。通过协同工作，卡伊获得了可用于随时监控绩效改进的衡量指标。

从监控中收集的数据可被用作证据，以支持决策并了解是否及何时对项目进行变更。通过使用监控数据，及时提供证据，并鼓励在应对绩效问题和机遇时使用这些证据，卡伊与利益相关者建立了战略伙伴关系。卡伊提升了对所选解决方案引发结果的共同责任，同时证明了学习与发展工作的战略价值。

监控绩效变革

监控和评估可以提供系统性和条理化的框架，使决策、结果、活动和资源保持一致，使绩效数据反应灵敏，并为改进绩效提供明确的处方。这种一致性为相关及持续的绩效反馈搭建了平台，从而揭示了一个组织在向着（或远离）其愿景前进的情况，以及在有关可衡量目标方面的进展情况。因此，通过精心设计（协调一致）的监控和评估系统而获得的持续反馈是持续改进的基本要素。

在过去的半个世纪，学习与发展已作为一种支持持续改进的手段用于监控和评估，尽管其进展缓慢。一种可能的解释是，当前的评估方法使用单个员工在某个时间点报告的结果来衡量某个解决方案的效果，这种方法没有考虑组织的复杂性，以及在组织级别的检测、影响和报告效果方面的作用。将监控和评估流程整合到一个更广泛的组织绩效系统中可取得超越解决方案即时效果的长期结果。这种系统观点使你能够从数据中发现各种模式，从而了解促成变革的内部和外部因素，并随后选择适当的行动方案。如果实现了这种整合，学习与发展项目便可成为支持基于证据决策的“积极合作伙伴”，从而带来持续改进绩效的成果。

为了支持战略合作伙伴的成长与发展，组织可以采用持续提高绩效的改进方法。与战略保持一致的业务部门将四个关键方面应用于其工作：

- 收集证据。虽然收集证据对做出正确的决策至关重要，但在文献记载中有关决策最被忽视的方面就是证据收集。当利益相关者认为一个触发趋势（例如，收入或销售额下降）或事件（例如，对工会组织的威胁）很重要时，他们便开始进行决策了，从而也就加速了情报的收集。决策者经常被来自客户、员工、股东、律师、竞争对手、监管机构和供应商的信息淹没。因此找出值得优先关注的趋势或事件是一个极具挑战性的议题。与战略保持一致的合作伙伴会收集证据来识别绩效差距，并利用这些证据来决定工作中不断出现的绩效挑战和机会的权重。

- 监控证据。监控使衡量和跟踪一体化：衡量重要事项并跟踪其发展。组织的持续改进取决于知道自己前进的方向，并不断监控从目前位置到要到达的位置的发展路线。要做到这点，你可以采用的方法是提出正确的问题，不断收集有用的数据，然后使用这些信息对当前方案的更改和维持做出正确的决策。通过这种持续和前瞻性的方法，组织将专注于其绩效目标，并使工作与目标保持一致，从而为组织创造价值。

- 运用证据。监控和评估的关键贡献之一是它提供的反馈。反馈循环反映出跟踪和调整循环往复的本质。对评估过程、调查结果和建议的公开沟通直接影响变革过程。信息的缺乏会让人产生焦虑和抵触感，特别是当人们开始谈论有关自己正在做的事情和将来会发生什么事情时。这种反馈是通过监控提供的，有助于与利益相关者进行持续对话，在持续对话中，我们随时能够获得受影响的员工的绩效数据。提供关于绩效的一致反馈是更广泛、更有效的沟通系统的一部分。如果开发得当，它将帮助领导者和员工在适当的时候跟踪、管理并预测绩效。

- 从证据中学习。持续改进的好处是它可以在任何努力中都获得巨大的回报。理想的流程是可控的，首先明确定义，然后保持质量，并在不可接受的情况的迹象出现时马上进行调整。在使用质量控制措施来确保事情沿预定计划发展的同时，鼓励组织的所有部门以协作的方式寻找各种方法来改进企业，如通过调整设计规范和改变各种流程。我们每天都会做出有关调整或变更策略的决定。庞德（Pound）警告说，这些微妙的日常决策是我们最容易受组织失败影响的地方。日常决策可能包括："目前的进度是否与计划的进度一致？""解决方案如何影响个别区域和系统？""解决方案及其结果是否可持续？""为什么是这样或为什么不是这样？"这需要持续提供绩效数据以做出调整决策。学习与发展项目寻求持续改进，这确定了基于系统观点来开发系统化流程的方式，并获得了有效、高效监控进展的机会，从而与组织目标保持一致。

监控的价值不在于将其作为扼杀创造力或创新的手段。威尔斯（Wells）、穆尔曼（Moorman）和维尔纳（Werner）证明，当理解了监控活动的原因，并将其作为可信任的发展手段时，员工会对这种监控活动产生积极的反应。格鲁曼（Gruman）和萨克斯（Saks）认为，让员工参与目标制定，有助于员工敬业度的提升，这样便使员工和组织都能成为受益者以实现预期绩效。这样的做法允许员工将他们的目标定位在组织环境中，并欢迎协作式的监控设计。

监控的过程并不意味着你放弃对最终结果的确认和庆祝。以持续监控进度为方向，鼓励组织识别具有里程碑意义的机会，认可改进，并有时间反思哪些改进有效，哪些改进应该重复，哪些改进应该在未来做出。“进度、里程碑（达到或未达到），以及为达到预期目标的行动计划等，应该在整个组织内被持续、准确地传达。”建议在规定的时间间隔内，就你目前所处状况，对推动进度所做努力的描述及认可，以及你将如何继续努力以实现你的目标进行讨论。

卡伊通过持续、透明的沟通与利益相关者建立信任和战略关系。在团队制订了监控计划后，卡伊指导团队概述了沟通策略。监控计划对要收集的数据、数据来源及数据审核频率建立了预期。然后，团队就与谁进行结果的沟通、分享结果的频率及方式进行了协商。该团队还考虑为核心项目团队分配一定的时间，用于检查和反省当前状况，预测未来趋势和结果。卡伊也留意跟踪了这些反馈和反思是如何被用来为利益相关者的决策提供信息的，这使得卡伊不仅了解利益相关者的决策，也了解组织的即时绩效变化。

制定沟通策略

在整个项目过程中，你促进利益相关者参与确定和校准预期绩效，对绩效差距进行权重分配及排序，得出针对绩效差距的解决方案。你始终保持着良好的沟通，这时还不是停下来的时候。

你的持续沟通说明了为什么需要改进绩效。你要明确表达变革需求，展示相信组织能够并将实现其目标的信念，并描述变革带来的个人利益和共同利益。

沟通有多种形式。它可能采用报告的形式来传达解决方案的当前状态，确认重要成果，或者描述正在进行的活动或计划中的项目。它也可能是一个项目计划，随时用来就任务、项目所有者和状态进行沟通。

为确保所有人都达成共识，卡伊设置了一个“沟通计划者”的职位，专门负责在解决方案的整个存续期内，就应该沟通什么、为什么沟通、与谁沟通、何时及如何沟通等进行协商（见表6-5）。

对于改变学习与发展部门的预期和工作职责，卡伊的与业务保持一致的方法至关重要。卡伊采用了战略性和协作性的方法，用于理解利益相关者的预期，使用证据来进行组织期待的情况与目前情况的比较，选择针对绩效差距的解决方案，并保证这些解决方案具有可持续性。卡伊处理杰西业务问题的战略性方法，将对学习与发展工作的认知和功效提升到了具有战略价值的位置。最终，卡伊建立了自己的声誉——她是可以指导合作伙伴制定对业务有意义的解决方案并产生重要业务成果的人。

表 6-5　“沟通计划者”示例表

负责人	沟通什么	为什么沟通	与谁沟通	何时及如何沟通
杰西	整体项目更新	提供项目实时状况	• 项目发起人 • 项目团队 • 领导团队	每月项目例会后的两个工作日内用电子邮件方式发送会议议程和纪要
马特	SOPs 的设计和开发	提供解决方案设计和开发的实时状况	• 技术写作团队 • 项目发起人 • 项目团队 • 领导团队 • 项目领导	技术写作团队每周五下午通过电子邮件将摘要发给有关各方
丹尼尔和卡伊	绩效衡量指标	提供解决方案衡量指标的实时监控	• 项目发起人 • 项目团队 • 领导团队 • 项目领导 • 管理团队 • 终端用户	每季度用电子邮件方式提供绩效报告
克里斯汀	项目实施更新	提供实施工作的实时状况	• 项目发起人 • 项目团队 • 领导团队 • 管理团队 • 项目领导 • 技术写作团队 • 终端用户	为每月定期项目会议提供有关非紧急问题的最新实施状况。对于紧急问题的更新状况，根据需要与项目发起人和项目领导直接电话联系

与实施保持一致清单

使用这个清单来确保你已经涵盖了与实施保持一致所需的全部因素。

一致性因素	是 / 否	如何做到
我的系统性思维		
我能够理解变革是如何影响组织多个层级的绩效的	是 / 否	
我能够判断什么有助于预期绩效的实现	是 / 否	
我能够判断实现预期绩效的障碍	是 / 否	
我的战略性思维		
通过调查了解何物、何时、何处、为什么及如何，我进行了客观行分析	是 / 否	
我考虑了人员、过程和结构将如何变化	是 / 否	
我的批判性思维		
我对解决方案在工作中的运用提出了有关策略方面的建议	是 / 否	
合作开发用于跟踪解决方案的监控计划	是 / 否	
我探讨了解决方案的短期和长期效果	是 / 否	
我能够预测解决方案的影响	是 / 否	
我与利益相关者合作		
我对有争议和困难的问题提出了清晰、有说服力的证据	是 / 否	
我采用有效的倾听技巧，从我的利益相关者的角度更好地理解了项目的价值	是 / 否	
通过与组织中的其他团队合作，我与他们建立了伙伴关系并减少了筒仓式工作	是 / 否	
我支持并致力于促进团队合作	是 / 否	
我与利益相关者就下一步行动进行了协商	是 / 否	

第七章

学习与发展部门的战略一致性

员工越认为解决方案与组织的战略方向是一致的，就越有可能将相关解决方案融入自己的工作当中。结果就是，员工对组织战略做出更有力的承诺。这为展示学习与发展部门对组织的战略影响力提供了一个卓有成效的途径。本书第二章对学习与发展的反应型一致和主动型一致做了区分，后者是指对组织存在的绩效问题做出反应，或者通过基础结构、支持机制来预先设计学习与发展部门。与战略保持一致的学习与发展部门，提供了一种自我整合并产生战略价值的方法。

虽然一些学习与发展部门已成功实现了战略一致性，但这种情况非常罕见。学习与发展部门的战略一致性可能没有得到很好的理解，因为与促进学习与发展部门成功获得战略一致性相关的基本要素还未被明确阐述。承担着组织人员绩效管理职责的学习与发展部门，在关联绩效数据、决策、行动和结果方面仍占据着主动的位置。学习与发展部门不仅可以提高对其自身战略价值的认知，还可以通过相关做法对战略制定和执行的方式及原因进行建模，从而为开发人力资本做出贡献。学习与发展部门的绩效可能从其实现战略一致性的程度中衍生出来，并最终为利益相关者提供战略价值。

学习与发展部门一致性和组织绩效

持续的绩效改进需要及时、准确和可执行的绩效数据来支持组织决策。为帮助决策，学习与发展专业人士必须着手了解其工作可能以何种方式直接或间接影响组织绩效。这种关系是通过学习与发展部门的运营及产出对组织结果的直接影响来衡量的，反映了当前对培训和非培训解决方案进行项目衡量的评估趋势。这虽然对于某些特定的项目反馈很有用，但它并未将学习与发展部门的综合影响考虑在内，而且将培训的影响及其对绩效的影响区分开来，一直是件具有挑战性的事情。

用来弥补这种局限性的衡量方法是间接的、动态的，该方法着眼于学习与发展部门战略和组织战略两者之间是否匹配。作为间接衡量的一个例子，培训已经被证明可以影响员工流失等结果，最终影响组织的财务业绩。

正如本书所述，战略一致性可被视为一种使组织和部门更加有效的过程。对于学习与发展部门，一致性检查可以产生学习与发展系统和业务绩效之间关系的有价值的预测信息。例如，它可以确定学习与发展部门的优势和劣势，以及为利益相关者提供的效用。因此，虽然实现战略一致性并不能保证提高组织绩效，但它意味着组织领导者会将战略一致性视为可用于获取和维持竞争优势的众多工具之一。

我们的目标不是争取完美的一致性，而是参与促进战略一致性的过程，这已经超越了战略计划的范围，从战略计划转向战略实施。因此，战略一致性不仅是一个结束状态，还是一个持续的过程。达到理想的战略一致性状态需要不断追求与变革保持同步。因为战略优先级的变化，员工需要具备不同的行为、技能和知识。

学习与发展部门一致性是一种系统变革

不管是主动还是被动的战略一致性方法，都是至关重要的、相互补充的且依赖于系统变革的方法。组织系统内所有事物都因复杂的因果循环模式而存在。因此，无论你是尝试解决特定的绩效问题，还是将学习与发展部门一致性目标定位于支持新的战略机遇，你都必须反映变革的系统视角。

虽然我们认识到组织是更广泛的社会系统的一部分，但在这点上，我们将重点特别放在把组织作为目标系统上。系统变革发生在多个维度，可能涉及:

- 改变系统的组成部分或其顺序。
- 改变系统组成部分之间的相互作用。
- 通过基础选择和惯例的变化对整体进行改变。
- 改变系统生成的方式，以及使用反馈来改进自身的方式。

与系统中的所有事物一样，这些维度也是相互关联的，因此一个维度的变化会支持所有其他维度的变化。系统变革是一个过程，需要人们的态度，以及工作方式的彻底变化。学习与发展部门旨在实现持续变革。实现的方式是改变基础结构，以及支持那些使系统以特定方式运作的机制，包括期望、政策、惯例、关系、资源、权力结构和价值观、反馈、技能和行为、奖励和激励等。

学习与发展部门一致性架构

吉尔里·姆勒和布拉什确定了九个绩效变量，这九个绩效变量考虑了系统中存在的多个绩效级别和维度，所有这些对于分析组织内部的一致性问题至关重要（见表7-1）。三个绩效级别是指组织、流程和绩效个体。为了实现组织变革，有必要处理变革对三个级别的影响。例如，对实施战略调整工作的学习与发展部门成员来说，实施变革以推动学习与发展部门的战略调整可能意味着他们的工作职责及技能的重大变化。不考虑这些相互关系可能导致流程实施的失败。需要在每个级别设定明确的目标，以便与组织的预期结果适当地保持一致。设计是指以有助于实现目标的方式进行结构安排。管理是指为确保目标实现而进行的各种实践。

表7-1　九个绩效变量

	目　标	设　计	管　理
组织	战略、运营计划和标准	组织结构和整体业务模式	绩效审查实践和管理文化
流程	客户和业务的需求	流程设计、系统设计和工作场所环境设计	流程所有权、流程管理和持续改进
绩效个体	工作规范、绩效标准和个人发展计划	工作角色和责任、技能要求、程序、工具和培训	绩效反馈、结果、教练和支持

学习与发展部门的主动型职责是在组织内推动和发展绩效。为了履行此职责，可以将姆勒和布拉什所说的绩效变量用于指导你所在组织学习与发展部门的一致性，这些绩效变量也被用来作为诊断工具的架构，以确定学习与发展部门的一致性级别。

学习与发展部门一致性诊断

将学习与发展部门和组织战略相连需要一个特定的流程和行为清单。学习与发展战略一致性量表由学习与发展战略一致性中最重要的元素组成。这个工具已经过了具有广泛专业知识和经验水平的学习与发展从业人士和专家的验证。

诊断调查问卷列出了学习与发展技能和行为，这些技能和行为被认为对学习与发展的战略一致性最为关键（见表7-2）。问卷调查之后，将对问卷内容及其对学习与发展战略一致性的重要性进行全面而深入的讨论。

表 7-2 学习与发展战略一致性诊断

项目内容	非常不同意	不同意	有点同意	同意	非常同意
1. 学习与发展团队了解新兴的业务需求	1	2	3	4	5
2. 学习与发展团队了解业务价值链	1	2	3	4	5
3. 学习与发展团队有信心使用业务语言与直接主管对话	1	2	3	4	5
4. 使用业务语言对学习与发展战略实施计划进行传达	1	2	3	4	5
5. 学习与发展团队了解业务运营的背景	1	2	3	4	5
6. 学习与发展团队对公司战略执行的必要条件有很好的认知	1	2	3	4	5

续表

项目内容	非常不同意	不同意	有点同意	同意	非常同意
7. 学习与发展团队了解其工作如何与组织的使命相关联	1	2	3	4	5
8. 学习与发展团队就解决方案或计划进行不断的交流	1	2	3	4	5
9. 学习与发展团队积极主动地与直接主管建立信任关系	1	2	3	4	5
10. 营造内部合作氛围，学习与发展团队可以在创建战略一致性中发挥作用	1	2	3	4	5
11. 学习与发展团队得到直接主管的支持	1	2	3	4	5
12. 学习与发展部门就如何将干预措施整合到整个组织中制订计划	1	2	3	4	5
13. 提供即时学习解决方案，以满足当前的业务需求	1	2	3	4	5
14. 学习与发展部门与直接主管保持持续对话	1	2	3	4	5
15. 进行差距分析，为干预战略的设计与交付提供信息	1	2	3	4	5

具备战略一致性的学习与发展团队被认为牢牢掌握了业务的新兴需求，并能就其决定采用的解决方案如何满足这些需求进行沟通。他们使用业务语言与利益相关者进行书面或口头沟通，自信地传达相关信息。他们了解组织的价值链，了解其工作是如何与组织业务相联系的，以及如何展示其工作对组织业务的价值。

就如何有效、高效地满足新兴的业务需求，学习与发展团队还必须能够自信地向直接主管进行说明并与之讨论。学习与发展团队的业务技能也要在战略沟通中发挥作用。学习与发展战略计划是用业务语言编写的，并为学习决策的业务案例提供了强有力的证据。学习与发展部门的成员必须能够进行差距分析，并对结果进行整合，从而在组织运营、战术和战略层面形成关联。在整个绩效系统中建立关联，是实现学习与发展部门战略一致性的关键。

学习与发展项目必须实现价值平衡，才能交付给内部客户和外部利益相关者。当考虑与组织绩效系统建立价值联系时，学习与发展项目必须从向外部客户交付价值开始，然后再考虑将价值交付给内部利益相关者。这就是战略驱动链接开始的地方——先从外部开始，然后是内部。这种方式将注意力与可能向内部利益相关者交付的短期收益（以牺牲系统的其他部分为代价）脱钩。学习与发展项目必须超越职能偏好、临时请求或筒仓式工作方法，以便在活动或产出水平的范围之外建立联系。

学习与发展团队需要了解业务运营的环境。因此，团队成员应该根据组织需求，而非学习与发展项目的需求来塑造自己。学习与发展专业人士必须具备执行关键内部战略流程所需的技能，从而使自己处于掌握最新、最有效的业务新兴需求信息的位置。有了这些信息，学习与发展团队就能从外部客户的角度来反观管理价值和内部的影响、成果、产出和活动，进而形成有关影响的理论。姆勒和布拉什将这种方式描述为“以不同的方法思考工作的贡献”的必要条件。换句话说，学习与发展团队必须针对有效且高效利用资源的价值创造系统的功能进行设计和管理。

关于学习与发展团队如何就其工作的展开进行沟通，也是战略一致性概念中的一个基本要素。通过口头和书面形式进行不断沟通，学习与发展团队和他人分享其价值创造的机遇和成功。与战略保持一致的学习与发展团队，具备使用业务语言自信地与直线主管和经理就业务问题进行沟通的技巧和能力。例如，员工能力与满足战略优先级要求之间的差距有多大？员工目前的水平是怎样的？希望达到什么水平？学习与发展团队要监控组织的关键问题，如组织当前的优先级，以及组织期望的未来状态。与战略保持一致的学习与发展团队能够描述绩效差距，并提供对业务有意义的人员绩效解决方案。他们表现出对执行战略的意识，并生动描述了公司在执行战略重点后的状态。他们还积极抓住机会，就业务案例进行不断沟通，以做出决策。他们认识到这些决策是对组织的投资，就像需要资金和资源承诺的其他任何组织投资一样，他们同时也可以提供有关决策合理性的可靠证据。

合作在诊断调查问卷中也是很重要的组成部分。合作关系详细说明了当与直接主管建立信任关系时，学习与发展团队是主动且有目的的。学习与发展团队要营造内部合作氛围，以发挥在组织内部构建战略一致性的作用，这需要来自直接主管的支持。通过合作，学习与发展团队针对如何将学习解决方案整合并贯穿到整个组织中制订计划，并且提供针对当前业务需求的即时解决方案。合作要素描述了内部客户需要的关系类型。与战略保持一致的学习与发展团队在这种关系中起着引领作用，以建立信任并识别利益相关者用于确定价值的衡量指标。

通过这种方式，学习与发展团队可以构建内部利益相关者的预期，并提供满足这些预期的解决方案。对于正在寻找能够贯穿组织内部且可进行良好整合的快速学习解决方案的直接主管来说，学习与发展团队可与他们密切合作，以保持持续对话并在职能层面进行差距分析。换句话说，直接主管在收集分析所需数据的过程中就参与了学习与发展项目。当学习与发展项目着重于整合人才管理时，共享结果链便可由双方共同创建、管理和评估。将以组织学习和改进为目标的、集聚智慧与才能的工作进行重新构建，有助于学习与发展团队克服在评估中遇到的挑战。（有关如何使用学习与发展战略一致性诊断工具并解释其得分的更多信息，请参阅附录B。）

改进学习与发展战略一致性的更多建议

在把学习与发展战略一致性作为工具用于生成学习与发展部门还应该在哪些方面进一步提升其一致性的精确信息时，还有其他方法可以将战略一致性整合进你的日常业务中，从而改善你对组织、所服务的客户及致力于做出贡献的社会的影响。表7-3提供的范例展示了学习与发展创造的变化可能是什么。

表 7-3　学习与发展可能创造的具体变化范例

所处位置	可以期待的变化	变化的可能状态
运营	• 技能 • 日常工作责任 • 对自我和其他人的预期 • 团队责任	• 增强现有业务的一致性技能 • 替换或修改现有的需求评估流程 • 提高业务敏锐度 • 修改当前与内部客户的工作协议 • 调整项目管理时间表，增加对一线工作的时间和资源投入
财务	• 资源和奖励的分配	• 根据已记录的需求分配资源 • 将一小部分工作确定为“不得不做”的工作而非“应该做”的工作 • 认可并奖励与战略保持一致的项目和参与者，要注意与成果的具体联系 • 将与战略保持一致的项目的结果应用于资源分配决策
外部	• 影响	• 通过使用与客户需求和优先级相关的数据，提高交付给客户的价值 • 通过使用与员工需求和优先级相关的数据，提高交付给员工的价值 • 通过使用与组织影响、公众形象和外部趋势相关的数据，提升交付给社会的价值

你可以考虑采用并整合整个流程，将此作为强化工作战略一致性的方法，同时也作为你和你的组织在针对业务问题和机遇时选择、实施解决方案的持续努力。这是一项长期工作，你可以从目前正在进行或即将启动的任何项目开始。你可以从工作中期待的变化开始——个人技能和行为的变化、团队职责或工作流程的变化，或者部门级别的战略方向和资源分配等主题的变化。

也就是说，许多一致性工作并不是从组织级别开始的。你可以从部门级别开始进行一致性工作。从这里开始，你和利益相关者可以在将一致性工作扩展到整个组织之前便获得知识、经验和信誉。这种方法不仅展示了绩效改进部门（及其从业者）将自身定位为更具战略性和组织核心价值的潜力，还将绩效改进部门（及其从业者）看作促进其他部门内部及其他部门之间的战略一致性领导者。这种领导力展示了可以使组织创造的价值与共同的价值主张保持一致的方法。作为捕捉战略价值的主体，部门级别的员工可以了解他们团队及个人的努力是如何为共同目标做出贡献的。因此，在学习与发展部门和其他业务部门协调彼此战略的过程中，作为绩效改进角色的承担者，学习与发展部门的目标是促进协同关系的持续发展。

个人学习与发展技能和行为的变化

在战略一致性过程中，你需要掌握新的技能和行为，完善现有的技能，或者整体淘汰某些技能或行为。如第一章所示，培训、组织发展和人力资源等部门的角色和作用正在发生变化。随之而来的是执行变革性工作所需的技能和行为的变化与发展。作为绩效改进专业人士，你可以预料到随着业务需求而出现的变化，因此你需要不断调整技能和行为以反映工作、关系和结果的战略一致性。以下是应对技能和行为变化的一些想法：

- 系统性思维技能

  —研究系统性思维的思维习惯和准则。

  —使用本书中的系统性思维工具进行练习。

  —收集组织中系统性思维行为的数据，并随时跟踪数据：系统性思维在你的组织中是什么样的？它以什么方式应用？谁在应用？反馈闭环如何？

—确定组织正在使用的系统性思维工具。你可以采用或完善哪些工具，以便应用于你的工作？

—绘制组织结构图。这种结构如何影响组织内部的行为？

- 战略性思维技能

—为你的下一个绩效改进项目设计逻辑模型。这将有助于在时间框架及与其相关的、可预期的后果方面开拓你的思维。要为这些后果（结果）设计影响级别，这也会使你把重点总是放在对客户和社会的长期影响上。

—跟进近期的一位客户，并向其询问项目或工作的预期影响和非预期影响。讨论潜在的解决方案可能产生相似或不同的结果。

- 批判性思维技能

—为即将开展的项目制订评估计划。

—设计数据收集模板，以便为当前项目收集数据。

—分析你为当前项目已经收集的数据。

—与同事和利益相关者从数据驱动的评估角度来讨论你的结论，融入不同观点。

—使用根本原因分析工具，深入挖掘影响组织绩效的因素。

- 合作技能

—增加面对面和电话沟通方式的使用，重新构建与利益相关者之间的关系，从交易型关系到交换型关系。

—寻找合作机会，如跨部门项目。

—与同事练习提出新类型的问题。

—通过解决工作团队中的冲突来练习谈判。

—在适用且一致的前提下，使用面对面访谈和焦点小组来进行数据收集。

学习与发展团队的责任和工作流程的变化

将战略一致性流程应用于你的团队，这需要改变团队向客户交付的工作产出和服务，以及交付方式。与战略保持一致的绩效改进团队交付的工作产出和服务是在不断变化的，这是对不断变化的业务需求做出的反应。随着业务的发展，学习与发展专业人士、团队及部门也必然不断发展，并且这种发展速度要比业务发展的速度更快。于是，绩效改进专业人士、团队和部门便可以充当教练和教育者，来调整交付的工作产出和服务及交付方式。

与战略保持一致的绩效改进团队将战略一致性过程应用在其大部分工作中。然而实际上，并非所有的绩效改进计划都会被告知——有些项目必须完成，但发生的数量应该少一些，并且发生的间隔也应该长一些。在战略一致性状态下，项目是根据需要开展的，而不是根据命令。这就需要提前制订战略计划，同时与利益相关者达成相关的工作协议。这样，你的团队就可以与特定的战略计划相关联，你的资源得以充分利用，并且你的影响力将与战略成果保持一致。这样做的目的是促进团队大部分工作产出的战略一致性。一致性程度越高，团队越有机会获得作为重要战略合作伙伴的声誉。团队可能需要考虑的一些变化包括：

- 替换或修改现有的需求评估流程。
- 修改当前与内部客户的工作协议。
- 调整项目管理时间表，增加对一线工作的时间和资源投入。
- 修改团队绩效结果的沟通方式。

改变已完成的工作和完成工作的方式需要一个过程，但这项投入将展现具有战略价值的结果。这是一段非常值得尝试的旅程。如同其他绩效改进举措一样，团队工作方式的改变应该有条不紊地进行。

以下步骤将帮助你开始进行这种改变。

- 第一步：作为一个团队，对下面这句话做出完整的回答："当……的时候，我知道我们的团队在保持战略一致性。"这些是你的目标。
- 第二步：作为一个团队，确定你期望的结果：在多个级别上确定你参与的结果是什么。
- 第三步：作为一个团队，确定哪些战略能够实现你期望的结果，你将如何实现这些结果。

通过前三步使团队中的每个人都可以就一个问题达成共识，即“我们要做什么”。

- 第四步：作为一个团队，设计一个长期评估计划。考虑一下你将如何收集、分析和解释可以说明你在朝目标前进的数据。
- 第五步：作为一个团队，就参与评估计划的人员及各自作用进行协商。
- 第六步：实施评估计划。不断监控和跟踪数据来评估团队距离预期结果有多远。

第四至第六步使团队中的每个人都参与评估计划的设计和实施，并告知团队工作做得如何。

- 第七步：作为一个团队，与利益相关者分享评估结果。保证每个人获得关于团队是如何朝着促进与组织战略保持一致的目标前进的最新信息。
- 第八步：运用从第四至第六步中收集到的信息改进绩效，与你的团队和利益相关者一起修改和改进流程。确保利益相关者始终参与到流程中，你要继续承担战略一致性工作的责任并共享成果。

第七步和第八步的目的是保证项目透明、共担责任、共享成果。在这些步骤中，你要确保利益相关者始终参与到流程中，并随时告知你们的关系及工作的变化。

部门级别的变化

当将战略一致性流程应用于组织的部门级别时，它会影响流程，战略方向的确定，以及资源在绩效改进问题、机遇和解决方案上的应用方式。在这一级别上的变化需要来自承担该部门责任的工作小组和团队的投入与参与。对某些从业者、团队和组织来说，工作方式的改变及与利益相关者的关系改变，可能是一种根本的转变。

部门可能需要考虑的一些变化包括：

- 根据已记录的需求分配资源。
- 将一小部分工作确定为“不得不做”的工作，而非“应该做”的工作。
- 认可并奖励与战略保持一致的项目和参与者，要注意与成果的具体联系。
- 将与战略保持一致的项目的结果应用于资源分配决策。
- 为目前和未来绩效改进专业人士所需的关键技能建模。
- 绘制未来几年预期增长情况的图表，并设计评估计划，以监控和跟踪实现目标的进展情况。

为在新工作方式上达成共识，请共同考虑并协商对以下问题的回答：

- 我们为什么这样做？共同协商并在有关战略一致性工作场所、工作和人员的目的上达成共识。

- 我们会采用哪些指导原则？共同协商和明确将在战略一致性状态下采用的共享价值观。你的价值观如何支持这种努力？
- 做这些会得到什么？共同确定你们的战略一致性目标。你在什么时候可以知道部门在战略上已达成一致？
- 我们如何使用它？共同确定如何使用评估结果，以及评估中的发现。保持透明会带来信任，你应事先承诺将如何使用或不使用获得的数据来支持这些变化。

第八章

结　论

当今绩效改进专业人士的工作旨在创造和利用组织中的战略价值。通常，组织领导者会寻求学习与发展专业人士来培养员工和组织的能力，以便组织能够使用（并利用）其竞争优势。在过去几十年中，这种对价值的关注一直是绩效改进行业的口头禅，通过战略一致性方法，绩效改进专业人士可以发现这一价值并促进其实现。

绩效改进专业人士的目的是培养组织成员来实施组织的战略。这种培养与发展不仅来自在课堂上学到的经验教训，而且来自绩效反馈的经验教训，这些经验教训可以用来辅助决策，提供及时准确的绩效反馈，实现绩效改进的目的。当今有关绩效改进角色转变的观点是有目的且具有前瞻性的，它在学习与发展工作传统的事务性方式及与利益相关者互动的基础上进一步发展。定位于战略的基础上，并超越了传统方式的学习与发展部门已经不再按照先到先得的原则，而是主动评估和调整策略和人员绩效错位，根据已有的产品进行配制，确保并提高组织的定位和能力，进而去执行战略。

但是，你目前用于提供战略绩效反馈的方式可能并没有回答正确的问题。例如，参加客户服务课程的参与者的相关报告并不会告诉你你真正想要知道的内容——客户服务课程是否对课程参与者的服务绩效产生了影响？或者，组织是否实现了销量增加？或者，组织的外部客户对他们所得到的服务的满意度是不是提高了？如果不将绩效改进角色的工作与业务结合起来，那么你通报目标进度的能力是有限的。

与组织所有其他职能部门一样，学习与发展部门的贡献要超过产品，然而我们更喜欢衡量产品的输入、为完成产品所进行的活动，以及产品的输出。想象一下，通过实施一个系统或项目来评估整个信息技术部门。如果仅仅通过查看之前完成的产品，你就会错失参与规划未来的机会。

绩效改进专业人士所能提供的远远不止产品，因此需要对绩效改进专业人士做出的、具有战略意义的总体贡献进行全面了解。绩效改进专业人士向利益相关者提供优质服务，同时通过使用和展示最务实、最及时的方法来指导对学习与发展项目的各种可能性的选择。高效的学习与发展项目成果及其他绩效改进计划使每个人都能获得成功。尽管你的组织可能不熟悉使用战略一致性流程来选择学习与发展项目和其他绩效改进解决方案，但请记住，它是一个流程，重新调整组织的决策方式以确定如何提高绩效需要时间。

雇主愿意接受绩效改进解决方案具有战略价值的观点。然而，对于组织内部培训这一战略性投入或这种投入是否等同于组织绩效的改进，我们并不总是提出全面、完整的意见和看法。绩效改进专业人士有机会通过如何做自己的工作及以何种方式做为组织的优先战略做出贡献产生积极的影响，特别是在从交易型职能向交换型职能发展的情况下更是如此。正是基于这种观点及相关的努力，学习与发展专业人士才可以在会议桌旁获得席位，参与制定重要的学习决策。

我们可以应用系统方法来更全面地检查学习与发展工作的影响及其与组织绩效间的关系。这是发现系统方法对衡量组织成长及生产力所具有的影响力的机会，也是衡量员工动力、离职率、敬业度、满意度等指标所具有的影响力的机会。绩效改进职能部门能够将其所做的工作与组织的战略需求联系起来，旨在证明这些工作具有战略价值。这么做的好处是学习与发展项目能够参与（并促进参与）优化战略一致性的流程。因此，绩效改进专业人士的一致性活动不是为了追求（甚至无法实现）完美的一致性，而是为了参与战略一致性流程。这就为绩效改进专业人士提供了作为最终状态的一致性视角，以及反映环境持续变化的动态过程。

作为战略价值工作工具的战略一致性流程

战略一致性流程是一个结构化的但具有灵活性的流程，可确保你的学习与发展工作与战略目标保持一致，并提供可衡量的证据来证明你为组织成功做出的贡献。这个流程使你提供的服务、产品和项目与业务需求保持一致，从而也与业务结果保持一致。这个流程是协作进行的，以产生对工作输入和工作结果的共同投入和责任感。这种绩效改进方式将使你重新认识自己的角色，从绩效改进专业人士转变为绩效顾问、架构师和设计师。你将开始以不同的方式看待自己的工作和自己。你可以将组织的目标与你用于实现目标的解决方案相关联，而不是使用预先确定的解决方案来完成培训订单。而且，你可以与利益相关者共同合作——共同设计、协同工作、共享结果。

需要将新的（或进一步发展的）思维方式应用于战略一致性流程，如系统性思维、战略性思维、批判性思维及合作。这些思维方式在整个战略一致性流程中相辅相成。让我们来看一个例子，一位担任领导职务的内部客户注意到，许多新员工在就职第一年就自动离职。这位领导不知道员工离职率是多少，但他意识到肯定存在什么问题。

为什么新员工在这么短的时间内就会离开?

于是她要求你为所有经理制订一份完整的培训计划，以便他们学习如何聘用更适合组织的人员。作为绩效改进专业人士，你有如下两个选项（见表8-1）:

- 遵循请求者的指示并实施要求实施的解决方案（选项1）。
- 与请求者进行交流和协商，以开始一次共同的绩效需求之旅（选项2）。

表 8-1　两个选项的对比

绩效挑战 在职一年或更短时间的员工的离职率为 30%	
选项 1	选项 2
• 考虑离职的原因 • 与其他人就他们认为的离职原因进行谈话 • 将最近发生的事件作为可能的原因 • 为管理人员设计并实施一个如何选择员工的培训 • 进行培训评估以确定管理人员对培训是否满意	• 从各个角度（人力资源、招聘经理、员工）收集证据 • 确定各种观点之间是如何关联的 • 获得利益相关者的承诺，致力于采用系统性思维问题解决方法 • 评估绩效背景 • 确定绩效成功的标准 • 进行差距分析并确定差距优先级 • 确定高离职率的根本原因 • 确定解决方案的选择标准 • 合作选择一致性解决方案 • 推动长期的实施计划、监控计划和沟通计划 • 对离职率进行持续和积极的监控，并根据需要在期间进行调整

战略一致性流程的每个阶段都包含这些基本技能，这有助于绩效改进专业人士确保为提高绩效而选择的解决方案与组织的战略目标保持一致，同时还提供了展示学习与发展工作战略价值的框架。这使绩效改进专业人士及其各自的组织能够以不同的方式审视绩效问题和机遇，并通过这样做来获得创新的解决方案。

选项1是将某个想法强行作为解决方案的示例——也许是我们的习惯性反应，也许是我们不想“放弃这份工作”——我们的客户习惯于此。利益相关者首先想到一个想法，如学习与发展解决方案，并指挥人力资源相关团队去实施这个方案。遇到的问题或挑战则可能进一步促进了这个想法，但没有对这一解决方案进行研究，而且没有设定说明解决方案成功（或失败）的可衡量目标。利益相关者通过确保他人（通常是关键决策者）的认可来赢得信任和支持，这些决策者认为解决方案是有价值的，员工采用解决方案后会取得积极成果。那些强行将某个想法作为解决方案的人经常这样做，因为这些行为被认为是及时的、实用的——快速决策和立即行动是有回报的。

选项2针对的是发现。在这种情况下，决策者首先关注的是绩效，而不是解决方案。他们收集支持绩效问题的意见以表明问题的的确确真实存在，需要我们注意。接下来，根据发现来进行决策的人要做的不是提出具体的解决方案，而是召集其他人来共同寻求解决方案并根据目标来指导工作。这个步骤表明，绩效改进既值得做，也切实可行，同时这一步骤也为尽早采用可持续性解决方案提供了动力。然后将选择一个解决方案，一旦这个解决方案得以实施，便会受到持续监控以验证解决方案是否满足绩效需求。这种方法并不像强行将某个想法作为解决方案一样流行，因为这种方法被认为花费了太多时间，因此也就更加昂贵。人们还认为，对今天的组织决策来说，这是不现实的。

那么，在一个需要快速行动和迅速决策的世界里，绩效改进专业人士如何应用这种方法?

研究人员不仅研究了组织中的决策流程，而且研究了每种方法的结果。换句话说，哪种方法更成功？表8-2显示了他们的发现。

表 8-2 两种决策方法的比较

方 法	实施率	平均花费时间	成功实现结果目标	采用并持续率
强加想法	51%	20.5 个月	41%~55%	41%~55%
发现	72%	11.9 个月	90%~100%	85%~90%

奇怪吗？虽然我们可能已经猜到了发现方法会产生更好的结果，但令人惊讶的是，它实际上花费的时间更少，从这种方法中得出的解决方案更有机会被员工采用。

向战略一致性方法转换

你的利益相关者可能习惯于和学习与发展专业人士联系，硬性将某个解决方案作为首选解决方案，如培训，因此，改变你对此类请求的回应方式尤为重要。这是开始改变你和你的团队可以提供哪些产品和服务支持组织绩效的机会。虽然你开展业务的方式可能与你的利益相关者所习惯的方式不同，但不要让这阻止你打破传统。你正在与请求者建立合作伙伴关系，随着时间的推移，你和你的利益相关者将建立更紧密的咨询业务关系，这种咨询业务关系的关注点是交付绩效结果的战略决策制定，而不是仅仅专注于交付某种学习服务或产品。

为了对此进行测试，在进行学习与发展项目选择时，尝试在你的一个利益相关者身上使用这种方法，这个人应该是你认为最适应你互动方式变化的人。寻找一位最先尝试这种方法的人并不断向前。当你取得成功时，其他人会注意到你的方法能产生更好的结果，而且这一方法更及时、更务实。

学习与发展解决方案对于组织来说可能是一项昂贵的投资，因此，重要的是考虑我们如何为要投资的学习与发展解决方案做出正确的决策。与人力资源相关的角色（如人才发展、人才管理和组织发展）可以帮助他们的利益相关者做出有关学习与发展战略的决策，此时的决策标准在他们看来是重要的，如及时实施最有可能被员工采用的策略，以及能为投入带来正收益的策略。你准备好开始启动学习与发展项目了吗?

附录A 战略一致性流程工具箱

本书每章都有指导你提升的工具，你可以根据当前绩效情况的需要修改和调整这些工具（见表A-1～表A-4）。

表 A-1 与预期保持一致

使用工具	如果你想……
利益相关者表	确定项目的利益相关者
利益相关者矩阵	评估利益相关者的影响力和重要性
探讨会中心内容及示例问题表	加深你对可能影响项目成果的问题和因素的理解
支持与客户建立战略伙伴关系的技能、行为和特质清单	评估自己的业务敏锐度、个人特质和技术能力
校准矩阵	了解并权衡利益相关者对问题或机遇、对环境的理解，以及对项目伙伴关系和承诺水平的看法
利益相关者预期信息可信度评估模板	评估利益相关者预期信息的相关性、可靠性、正确性和完整性
一致性排列图	根据一致性级别绘制各利益相关者的观点
与预期保持一致清单	评估与绩效保持一致的各种观点

表 A-2 与结果保持一致

使用工具	如果你想……
结果与差距模板	比较预期结果及实际结果间的差距
逻辑模型	描述组织目标、战略优先级和利益相关者预期之间的关系
衡量指标示例	确定每个级别的相关数据
数据收集策略模板	与利益相关者合作设计数据收集策略
与结果保持一致清单	评估与结果保持一致的各种观点

表 A-3　与解决方案保持一致

使用工具	如果你想……
差距与结果级别对应清单	将差距与每个结果级别对应
差距选择标准评价量表	确定利益相关者的差距选择决策标准
差距决策标准评分表	评估利益相关者的差距选择决策标准
根本原因分析模板	分析绩效差距的根本原因
力场分析工作表	分析组织内外的驱动因素和障碍因素
解决方案选择标准清单	确定利益相关者的解决方案选择标准
解决方案选择标准评分表	评估利益相关者的解决方案选择标准
环境和个人绩效解决方案抽样表	创建针对特定环境或个体因素的解决方案
解决方案选择量表	与利益相关者协作选择一致性解决方案
绩效环境和绩效个体解决方案模板	与利益相关者协商确定解决方案
与解决方案保持一致清单	评估与解决方案保持一致的各种观点

表 A-4　与实施保持一致

使用工具	如果你想……
设计过渡策略时需要考虑的问题及过渡策略示例表	确定变革管理策略
时间安排及过渡策略示例表	制定详细的变革管理策略，以促进绩效改进工作的整合
一致性级别的结果和绩效衡量指标示例表	设计监控计划以确保定期的绩效反馈
沟通计划者示例表	设计促进持续协作并与利益相关者分担责任的策略
与实施保持一致清单	评估与实施保持一致的各种观点

与预期保持一致

工具：利益相关者表

目的：确定项目的利益相关者

最初的问题是什么	
哪些个人或群体可能影响这个项目或会被这个项目所影响	
谁是有影响力的变革推动者？ 描述他们可能产生的影响	
哪些个人或群体可能会抵制变革？为什么	
采纳变革的潜在障碍是什么	

工具：利益相关者矩阵

目的：评估利益相关者的影响力和重要性

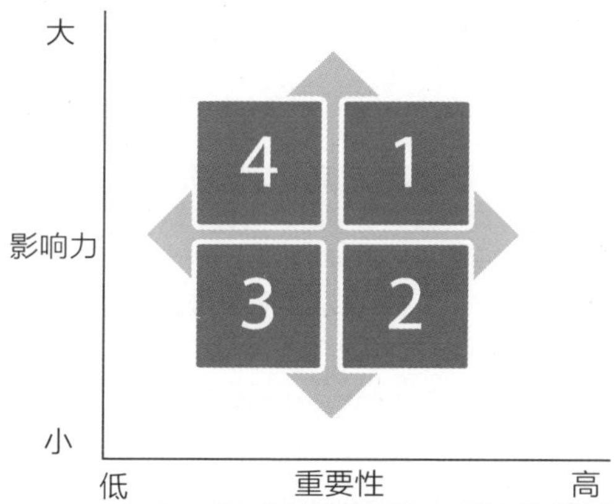

每个象限用以下方式顺时针进行分析。

- 第一象限：这些利益相关者的影响力大、重要性高（如为领导层、关键经理或主管），需要他们充分参与战略一致性流程。
- 第二象限：这些利益相关者的重要性低、影响力小（如直接受到绩效解决方案影响的员工），但是，仍然需要通过对他们进行适当的指导和沟通来了解情况。
- 第三象限：这些利益相关者的影响力小、重要性低，但是，他们仍然应该受到关注，因为他们的相对位置可能随时发生变化。例如，这些人的角色可能发生改变，这样他们在组织中的影响力可能会增大，他们可能对资源拥有更大的决策权。虽然组织中的许多成员可能属于这个象限，但你希望主要关注那些有可能影响他人（无论是正式还是非正式）的人。

- 第四象限：这些利益相关者的影响力大、重要性低。应该以适当的认可来确保他们满意，并使他们成为认同者或支持者。这也将为你的发现和建议增加可信度和影响力。

工具：探讨会中心内容及示例问题表

目的：加深你对可能影响项目成果的问题和因素的理解

中心内容	可以提出的问题示例
感知到的绩效挑战和机遇	• 什么驱使请求者来寻求帮助 • 他们的要求是什么（例如，是预先确定的解决方案还是帮助解决问题） • 这个问题或机遇的重要程度如何 • 目前谁正在受到这个问题的影响？谁会影响这个问题？如何影响 • 谁可能对其产生影响？如何影响 • 什么事实依据使得利益相关者得出这样的结论
解决方案内容和组织环境	• 如果请求提供具体的解决方案，当前工作环境以何种方式支持解决方案 • 目前的工作环境可能会如何阻碍解决方案实施 • 对解决方案目前有哪些类型的管理支持（如资源分配）
预期绩效	• 目前的绩效状况如何 • 目前正在输出哪些结果（或产出） • 该解决方案实施后的绩效结果应该是什么样的 • 实施者应该交付什么真实、显性的结果 • 用什么标准来确定这些结果是否令人满意 • 谁将基于这些标准来确定或判断获得的结果是否令人满意 • 有什么证据可表明员工很清楚预期绩效 • 预期结果和当前结果之间是否存在差距？差距是什么

续表

中心内容	可以提出的问题示例
与组织目标相关联	• 绩效问题涉及哪些业务目标？如何相关联 • 我们选择的解决方案将影响哪些业务目标？如何影响？影响程度如何 • 达到绩效目标需要哪些技能 • 除了技能，实现绩效目标可能还需要什么（如资源和支持）
伙伴关系和合作事宜	• 与你合作或支持你的最佳方式是什么 • 还有哪些伙伴关系，对解决方案的成功至关重要 • 我们如何确保这些伙伴关系的有效性 • 描述与利益相关者合作的过程（他们期望从你这里得到什么？在解决方案的整个存续周期中，你期望从他们那里得到什么） • 你会遇到什么障碍或挑战 • 如何克服它们

工具：支持与客户建立战略伙伴关系的技能、行为或特质清单

目的：评估你对业务敏锐度、个人特质和技术技能的各种观点

技能、行为或特质	示　例	检　查
业务敏锐度	你了解业务发展中显现出来的新需求	
	你懂得业务价值链	
	你用业务术语进行交流（含书面和口头）	
	你了解业务运营的具体背景	
	你知道执行组织战略的必要条件	
	你理解你的工作如何与组织使命相关联	
个人特质	你与团队合作解决问题和制定决策	
	你有良好的沟通技巧	
	你积极主动地工作并开发和培育信任关系	
	你真诚地希望为影响解决方案或受解决方案影响的人创造共赢的结果	
	你对业务需求和个人需求负责，并可以平衡两者	
	你让自己的工作透明化	
	你积极主动地工作以获得管理层的支持	

续表

技能、行为或特点	示　例	检 查
技术能力	你为所有的学习决策提供业务案例	
	你为如何整合整个组织的学习解决方案制订计划	
	你进行需求评估以支持解决方案的选择、设计和交付	
	你为满足当前的业务需求提供及时的学习解决方案	

工具：校准矩阵

目的：了解并权衡利益相关者对问题或机遇、对环境的理解，以及对项目伙伴关系和承诺水平的看法。

利益相关者	绩效问题与机遇		绩效背景			与组织目标保持一致	伙伴关系与承诺		
	感知到的问题或机遇	预期绩效	文化	支持	障碍	组织目标	阻力水平	解决方案的开放程度	总体承诺程度
利益相关者 1							HML	HML	HML
利益相关者 2							HML	HML	HML
利益相关者 3							HML	HML	HML
							HML	HML	HML
							HML	HML	HML

工具：利益相关者预期信息可信度评估模板

目的：评估利益相关者绩效期望的相关性、可信性、正确性和完整性

利益相关者	预期绩效			
	相关性	可靠性	正确性	完整性
利益相关者 1				
利益相关者 2				
利益相关者 3				

工具：一致性排列图

目的：根据一致性级别绘制各利益相关者的观点

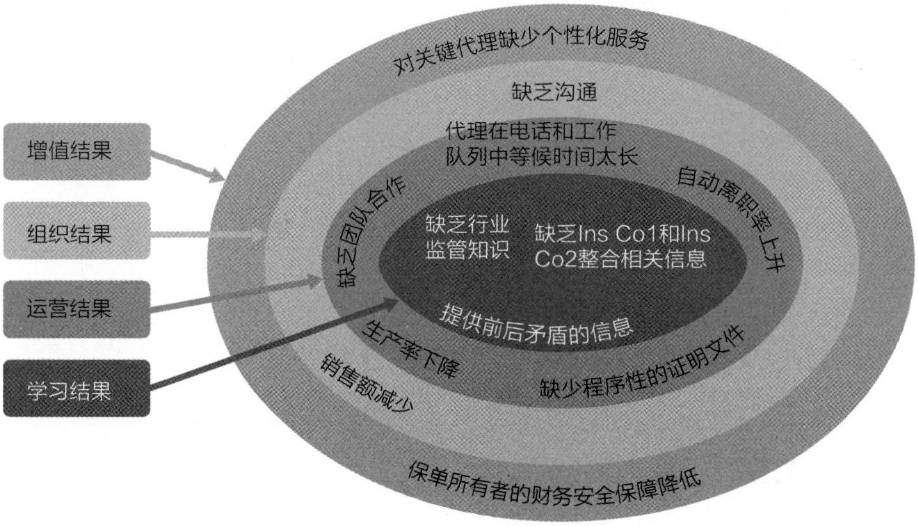

工具：与预期保持一致清单

目的：评估与预期保持一致的各种观点

一致性因素	是 / 否	如何做到
我的系统性思维		
我仔细考虑过绩效挑战或机遇的背景	是 / 否	
我的战略性思维		
我通过调查什么、何时、为何、何处及如何而进行了客观分析	是 / 否	
我的批判性思维		
我意识到存在一个问题（或机遇）	是 / 否	
我已经开发出一种有序的方法，用这种方法安排任务并依据严重性和紧迫性对问题进行了识别	是 / 否	
我综合了来自各种渠道的信息	是 / 否	
我确定了我的利益相关者提供的信息可信度	是 / 否	
我向我的利益相关者提出了恰当的问题	是 / 否	

续表

一致性因素	是 / 否	如何做到
我与利益相关者合作		
我对各种观点秉持开放态度	是 / 否	
我鼓励我的利益相关者对各种观点持开放态度	是 / 否	
我使用有效的倾听技巧来更好地了解我的利益相关者的预期	是 / 否	
我已经传递了我对团队工作及绩效问题或机遇的共同责任的支持态度	是 / 否	
我使用业务语言与我的利益相关者沟通了我对绩效问题或机遇的理解	是 / 否	
我使用业务语言来沟通创建一致性的价值	是 / 否	
对于应对人才发展和管理要求的新流程而言，这是不是正确的合作伙伴 / 项目	是 / 否	

与结果保持一致

工具：结果与差距模板

目的：比较预期结果及实际结果间的差距

结　果	衡量指标	预　期	实　际	差　距
利益相关者和组织的预期	提供进度所需数据	我们希望达到的水平	目前所处水平	预期与实际的差距
增值结果				
组织结果				
运营结果				
学习结果				

工具：逻辑模型

目的：描述组织目标、战略优先级和利益相关者预期之间的关系

我们计划做的工作		与人共享的工作结果		
行动	工作成果	运营结果	组织结果	增值结果
我们采取的	我们产出的	我们影响的原始结果	我们影响的进展	我们影响的变化

工具：衡量指标示例

目的：确定每个级别的相关数据

级　别	要求的结果	指标示例
增值		
组织		
运营		
学习		

工具：数据收集策略模板

目的：与利益相关者合作设计数据收集策略

结　果	衡量指标	来　源	方　式	数据分析
利益相关者及组织的预期结果	提供进展所需数据	数据来源于何人、何地	数据如何收集，收集间隔多久	数据分析的方式及间隔时间
增值结果				

续表

结　果	衡量指标	来　源	方　式	数据分析
组织结果				
运营结果				
学习结果				

工具：与结果保持一致清单

目的：评估与结果保持一致的各种观点

一致性因素	是 / 否	如何做到
我的战略性思维		
我识别了组织预期结果和实际结果之间的差距	是 / 否	
我已经评估了绩效背景	是 / 否	
我的批判性思维		
我已经识别了组织预期结果和实际结果之间的差距	是 / 否	
我从不同角度对信息进行了综合	是 / 否	
我确定了从所有相关来源收集到的信息的可信度	是 / 否	
我已经仔细地综合了数据，以确定合适的一致性级别	是 / 否	
在收集数据时，我尽可能地使用现有的信息以避免重复	是 / 否	
我与利益相关者合作		
对于争议或困难的问题，我提出了有说服力的论据	是 / 否	
我运用我的有效倾听技巧，从利益相关者的角度更好地理解价值	是 / 否	
与利益相关者合作，确定关键的成功标准和绩效改进衡量指标	是 / 否	
我通过认可和奖励团队目标的实现而不是个人绩效来推动团队合作	是 / 否	
通过与组织中的其他团体合作，我与他们建立了伙伴关系并减少了筒仓式工作	是 / 否	
我支持并致力于集体决策，这些决策促进了团队合作，并推动个体承担责任	是 / 否	

与解决方案保持一致

工具：差距与结果级别对应表

目的：将差距与每个结果级别对应

结果级别	识别的差距
增值	
组织	
运营	
学习	

工具：差距选择标准评价量表

目的：确定利益相关者的差距选择决策标准

差距选择标准	描述及注意事项	利益相关者的评级（3= 高； 1= 低）		
		利益相关者 1	利益相关者 2	利益相关者 3
优先级	• 高——必须马上处理 • 中等——可以近期处理；也可以放到以后阶段处理或推迟处理 • 低——可以忽略			
处理差距涉及的范围	• 做此项工作所需的活动和任务 • 做此项工作所需的资源 • 做此项工作将产生（和不产生）的成果 • 处理此差距的预期成本 • 与处理此差距相关的假设			
处理差距对其他人的重要性	• 高——处理此差距对别人是重要的 • 中等——处理此差距对其他人有些重要或对我们的某些利益相关者是重要的 • 低——处理此差距对别人不重要			

续表

差距选择标准	描述及注意事项	利益相关者的评级（3= 高； 1= 低）		
		利益相关者 1	利益相关者 2	利益相关者 3
预期结果	• 处理和不处理绩效差距的潜在结果			
量级	• 差距的影响有多大			
成本	• 处理或不处理该差距的资金预算的上限是多少 • 处理或不处理该差距的非资金预算的上限是多少			
其他一致性级别	• 处理该差距对其他一致性级别会产生什么影响？对其他差距会产生什么影响 • 不处理该差距对其他一致性级别会产生什么样的影响？对其他差距会产生什么影响			
资源	• 处理该差距需要动用哪些资源 • 不处理该差距会消耗哪些资源			

工具：差距决策标准评分表

目的：评估利益相关者的差距选择决策标准

评估人	优先级	范围	重要性	结果	量级	成本	级别	资源
利益相关人 1								
利益相关人 2								
利益相关人 3								
总计								

工具：根本原因分析模板

目的：分析绩效差距的根本原因

影响绩效的环境因素	信息	资源	激励政策
影响绩效的个体因素	知识和技能	能力	动机

工具：力场分析工作表

目的：分析组织内外的驱动因素和绩效障碍

驱动力（正面）	力　度											限制因素（反面）
	+5	+4	+3	+2	+1	0	-1	-2	-3	-4	-5	

工具：解决方案选择决策标准清单

目的：确定利益相关者的解决方案选择决策标准

标　准	定　义	评　分
可能性	这个解决方案缩小差距的可能性有多大	3—非常可能 2—可能 1—不太可能 0—不可能
适合性	这个解决方案是否适合我们的业务、文化及环境	3— 非常适合 2—适合 1—有些适合 0—完全不适合
支持能力	组织长期支持这一解决方案的能力如何	3—能力强 2—有能力 1—能力低 0—没有能力
障碍与限制	长期实施这一解决方案的障碍与限制是什么	3—没有障碍与限制 2—障碍与限制少 1—有障碍与限制 0—很多障碍与限制

续表

标　准	定　义	评　分
接受度	对长期实施解决方案起影响作用的人和受解决方案影响的人的预期可接受性如何	3—很好接受 2—接受 1—不好接受 0—不接受
实施时间	实施这一解决方案需要的预期全部时间为多长	3—没有时间约定 2—实施时间合理 1—实施时间紧张但可以控制 0—实施时间不合理
实施成本	解决方案的总成本是多少（精力、离开当前工作的时间、可持续性）	3—低于预算 2—合理且在预算内 1—紧张，但可控 0—不合理，无法操作

工具：解决方案选择决策标准评分表

目的：评估利益相关者的解决方案决策标准

评分人	可能性	适合性	支持能力	障碍与限制	接受度	实施时间	实施成本
合计							

工具：绩效环境和绩效个体解决方案抽样表

目的：创建针对特定环境或个体因素的解决方案

	信 息	资 源	激励政策
绩效环境解决方案	• 记录在档的绩效标准（如标准操作程序） • 知识管理系统 • 绩效反馈（正式或非正式） • 信息共享系统 • 减少筒仓式工作 • 重新设计工作流程	• 提供必要的工具与设备 • 按预期提供必要的实施时间 • 提供人员与网络	• 确定员工绩效目标 • 员工和组织的绩效目标保持一致 • 重新将激励制度与预期绩效保持一致 • 认可优秀绩效
	知识和技能	**能 力**	**动 机**
绩效个体解决方案	• 在职或课堂培训 • 角色扮演 • 自学	• 建立工作与能力档案 • 建立基于绩效的测评协议 • 为职位设立基于绩效的评估 • 进行真实工作预览	• 促进员工工作与组织目标保持一致 • 确认个人奖励规定 • 消灭或减少绩效障碍

工具：解决方案选择量表

目的：与利益相关者协作选择一致性解决方案

	解决方案 1	解决方案 2	解决方案 3
可能性			
支持能力			
实施成本			
适合性			
障碍与限制			
接受度			
实施时间			
成功机会			

工具：绩效环境和绩效个体解决方案模板

目的：与利益相关者协商解决方案的选项

绩效环境解决方案	信　息	资　源	激励政策
绩效个体解决方案	知识和技能	能　力	动　机

工具：与解决方案保持一致清单

目的：评估与解决方案保持一致的各种观点

一致性因素	是 / 否	如何做到
我的系统性思维		
我概述了不同解决方案的关系和后果	是 / 否	
我的战略性思维		
我建议采取适当的一致性改进措施，帮助组织实现预期结果	是 / 否	
我通过预测多种方案和适当的行动来预先做出计划	是 / 否	
我的批判性思维		
我为在数个备选解决方案中进行选择确定了合理的方法	是 / 否	
我运用了元认知知识，从而可以监控自己的绩效	是 / 否	
我与利益相关者合作		
我就促进团队合作方面所负有的共同责任做出了承诺	是 / 否	
我支持、促进各种解决方案的开发	是 / 否	
对于有争议和困难的问题，我提出了有说服力的证据	是 / 否	
我通过认可和奖励目标的实现而不是个人绩效来推动团队合作	是 / 否	
通过与组织中的其他团队合作，我与他们建立了伙伴关系并减少了筒仓式工作	是 / 否	
我支持并致力于集体决策，这些决策促进了团队合作，并推动个体承担责任	是 / 否	

与实施保持一致

工具：设计过渡策略时要考虑的问题及过渡策略示例表

目的：确定变革管理策略

设计过渡策略时需考虑的问题	过渡策略示例
如何在工作中使用解决方案	
如何在工作中支持解决方案	
在工作中使用解决方案时的预期的支持和障碍是什么	
员工在工作中使用此解决方案以及将其与工作相整合的机会是什么	
如果有的话，这个解决方案的主题专家是谁	
这个解决方案的设计计划是什么	
这个解决方案的部署计划是什么	
在解决方案实施以后，你多久与利益相关者进行一次跟进了解	
你将如何跟进正在使用该解决方案的人员？你将如何监控进程	
你如何、何时与利益相关者沟通进展	
实施解决方案需要完成哪些任务	
你将如何串联这些解决方案	

工具：时间安排及过渡策略示例表

目的：制定详细的变革管理策略，以促进绩效改进工作的整合

何时使用过渡策略	过渡策略的任务与活动
实施前	
实施中	
实施后	

工具：一致性级别的结果和绩效衡量指标示例

目的：设计监控计划以确保定期的绩效反馈

一致性级别	结果示例	绩效衡量指标示例
增值	将解决方案与外部客户、社会或社区的需求保持一致	
组织	将解决方案与组织底线保持一致	
运营	将解决方案与个人或团队的特定成就保持一致	
学习	将解决方案与工作方式保持一致	

工具：“沟通计划者”示例表

目的：设计促进持续协作并与利益相关者分担责任的策略

负责人	沟通什么	为什么沟通	与谁沟通	何时及如何沟通

工具：与实施保持一致清单

目的：评估与实施保持一致的各种观点

一致性因素	是 / 否	如何做到
我的系统性思维		
我能够理解变革是如何影响组织多个层级的绩效的	是 / 否	
我能够判断什么有助于预期绩效的实现	是 / 否	
我能够判断实现预期绩效的障碍	是 / 否	
我的战略性思维		
通过调查了解何物、何时、何处、为什么及如何，我进行了客观行分析	是 / 否	
我考虑了人员、过程和结构将如何变化	是 / 否	

续表

一致性因素	是 / 否	如何做到
我的批判性思维		
我对解决方案在工作中的运用提出了有关策略方面的建议	是 / 否	
合作开发用于跟踪解决方案的监控计划	是 / 否	
我探讨了解决方案的短期和长期效果	是 / 否	
我能够预测解决方案的影响	是 / 否	
我与利益相关者合作		
我对有争议和困难的问题提出了清晰、有说服力的证据	是 / 否	
我采用有效的倾听技能，从我的利益相关者的角度更好地理解了项目的价值	是 / 否	
通过与组织中的其他团队合作，我与他们建立了伙伴关系并减少了筒仓式工作	是 / 否	
我支持并致力于促进团队合作	是 / 否	
我与利益相关者就下一步行动进行了协商	是 / 否	

附录B　学习与发展战略一致性诊断

学习与发展部门的主动型职责是推动组织内部的绩效发展。为了履行此职责，我们提供了一种诊断工具（见表B-1）来确定学习与发展部门的一致性级别。

表 B-1　学习与发展一致性诊断

条　目	非常不同意	不同意	有点同意	同意	非常同意
1. 学习与发展专业人士了解正在产生的业务需求	1	2	3	4	5
2. 学习与发展专业人士了解业务价值链	1	2	3	4	5
3. 学习与发展专业人士有信心使用业务术语与行政高管对话	1	2	3	4	5
4. 学习与发展专业人士使用业务术语对学习与发展策略实施计划进行沟通	1	2	3	4	5
5. 学习与发展专业人士了解业务运营的背景	1	2	3	4	5
6. 学习与发展专业人士对公司战略实施的必要条件有很好的认知	1	2	3	4	5
7. 学习与发展专业人士了解其工作如何与组织的使命相关联	1	2	3	4	5

续表

条　目	非常不同意	不同意	有点同意	同意	非常同意
8. 学习与发展专业人士对业务问题的解决方案或举措进行不断的交流	1	2	3	4	5
9. 学习与发展部门在积极主动地与直接主管经理建立信任关系中发挥作用	1	2	3	4	5
10. 学习与发展部门可以在创建战略一致性过程中发挥作用	1	2	3	4	5
11. 学习与发展部门得到直接主管经理的支持	1	2	3	4	5
12. 学习与发展部门对如何将干预措施整合到整个组织中制订计划	1	2	3	4	5
13. 及时的学习解决方案旨在处理当前的业务需求	1	2	3	4	5
14. 学习与发展部门和直接主管经理进行持续对话	1	2	3	4	5
15. 分析差距以进行干预措施的设计与交付	1	2	3	4	5

这份诊断调查问卷列出了对战略一致性最为关键的学习与发展技能和行为，并得到了大约500名具有广泛的专业知识和经验水平的学习与发展专业人士及专家的验证。选择使用本调查问卷，你可以对你正在进行的战略一致性工作进展做自我评估。你也可以将此调查问卷交

给你的利益相关者，以评估利益相关者对你正在进行的战略一致性工作的看法。

如何使用这个工具

该工具可以用于内部和外部学习与发展项目的利益相关者。具体来说，你可以使用它来了解团队成员对战略一致性的看法，也可以使用它来了解支持项目的组织成员对战略一致性的看法。这种对一致性的看法很重要，因为它可能对学习与发展工作的承诺和可持续性产生影响。因此，此工具旨在为你提供对战略一致性看法的相关数据，你可以用这些数据清楚地识别和衡量预期绩效和当前绩效之间的差距。

揭示存在的最大差距可引发对得分最高的障碍的分析，从而选择具体行动以改善分数。例如，如果在“分析差距以进行干预措施的设计和交付”一栏中得到很低的分数，你可以启动分析，来确定学习与发展团队未进行差距分析的原因。你可能发现此预期尚未明确传达给学习与发展团队成员，或者未与其绩效评估相关联。你可能发现他们不知道如何进行基于绩效的差距分析，因为他们的教育经历和经验仅限于基于教学或培训的差距分析，或者他们可能没有信心参与这种与直接主管经理一起进行差距分析的过程。

无论什么样的障碍，它们都会告知你你应采取哪些措施来增加学习与发展项目在这些方面的贡献。可定期使用该工具（可能每年），以确定学习与发展部门战略一致性的趋势，这有些类似于年度战略一致性计分卡。

该工具经过调整后，还可以作为招聘、雇用和开发学习与发展人员的基础。学习与发展部门正在经历思维模式的转变，即从提供首选或熟悉的学习解决方案，转变为提供有助于组织战略目标的可衡量结果。这需要学习与发展专业人士有更广泛的关注点，他们必须具备专业知识和经验，而不仅仅是学习科学、方法和技术，他们还必须胜任应用绩效改进科学与实践，以寻求对战略目标实施的支持。

评分与说明

对工具使用结果进行评分的一个简单逻辑是用打分（1~5分）的方式说明每个选项。也就是说，每个选项的得分最多为5分，最少为1分。根据每个选项的最大可能得分值，学习与发展战略一致性的理想总分为75分。你为学习与发展部门选择的目标分数可能低于此目标，最终，你的学习与发展团队领导层将根据其他人的意见来设定目标。

通过比较实际分数与理想分数来评估你的差距，其中，你的实际分数是通过计算受访者群体获得的平均分数得来的（示例见表B-2）。

表 B-2　比较实际分数与理想分数

理想分数	实际分数（小组平均分数）	差　距
75 分	62 分	13 分

将群体分为两组可能也很有用：一组是内部学习与发展团队，另一组是学习与发展部门服务的其他群体。了解这些群体的看法之间的差异有助于识别沟通错误及未达到的预期目标。例如，学习与发展团队可能认为自己的运营策略符合战略一致性，但其客户作为另一个群体可能对他们的战略一致性及其贡献的认知度要低得多。分组打分的示例如表B-3所示。

表 B-3　分组打分

目标分数	学习与发展部门服务的其他群体平均得分	内部学习与发展团队平均得分
75 分	62 分	73 分

你可以使用相同的逻辑来了解如何满足组织各种部门和分支机构的战略执行需求（示例见表B-4）。

表 B-4　比较不同部门的目标分数和实际分数

部　门	目标分数	实际分数
合法合规	75 分	
研究与发展	75 分	64 分
销售	75 分	69 分
汇编	75 分	45 分
营销与沟通	75 分	56 分

你可以利用多种方式来深入挖掘数据并了解利益相关者群体的具体看法。你的学习与发展部门应该讨论并确定你的特定决策需求，这将告知你应该如何分解数据。

参考资料

Aguinis, H. 2007. *Performance Management.* Upper Saddle River, NJ: Pearson.

Aguinis, H., H. Joo, and R.K. Gottfredson, 2011. "Why We Hate Performance Management and Why We Should Love It." *Business Horizons* 54: 503-507. doi:10.1016/j.bushor.2011.06.001.

Anderson, V. 2008. "A View From the Top: Executive Perceptions of the Value of Learning." *Strategic HR Review* , 7(4): 11-16.

ASTD (American Society for Training & Development). 2009. T*he Value of Evaluation: Making Training Evaluations More Effective.* ASTD Press: Alexandria, VA.

ASTD (American Society for Training & Development). 2011. *State of the Industry.* Alexandria, VA: ASTD Press.

Baldwin, T.T., 2009. "Transfer of Training 1988-2008: An Updated Review and New Agenda for Future Research." In G.P. Hodgkinson and J.K. Ford (eds.), *International Review of Industrial and Organizational Psychology* 24: 41-70. Chichester, UK: Wiley.

Baldwin, T.T., and J.K. Ford. 1988. "Transfer of Training: A Review and Directions for Future Research." *Personnel Psychology* , 41(1): 63-105.

Barrett, A., and P.J. O'Connell. 2000. "Does Training Generally Work: The Returns to In-Company Training." *Industrial & Labor Relations Review* , 54(3): 647-662.

Beer, M. 1980. *Organization Change and Development: A Systems View.* Santa Monica, CA: Goodyear.

Beer, M., and R.A. Eisenstat. 1996. "Developing an Organization Capable of Implementing Strategy and Learning." *Human Relations* , 49(5): 597–619.

Beer, M., R.A. Eisenstat, and B. Spector. 1990. *The Critical Path to Corporate Renewal.* Boston: Harvard Business School Press.

Berson, Y., and B. Avolio. 2004. "Transformational Leadership and the Dissemination of Organizational Goals: A Case Study of a Telecommunication Firm." *Leadership Quarterly* 15: 625-646.

Bird, A. and S. Beechler. 1995. "Links Between Business Strategy and Human Resource Management Strategy in U.S.-Based Japanese Subsidiaries: An Empirical Investigation." *Journal of International Business Studies* , 26(1): 23-46.

Biron, M., E. Farndale, and J. Paauwe. 2011. "Performance Management Effectiveness: Lessons From World-Leading Firms." *The International Journal of Human Resource Management* 22: 1294-1311. doi:10.1080/09585192.2011.559100.

Bommer, W.H., G.A. Rich, and R.S. Rubin. 2005. "Changing Attitudes About Change: Longitudinal Effects of Transformational Leader Behavior on Employee Cynicism About Organizational Change." *Journal of Organizational Behavior* , 26: 733-753.

Brethower, D. 2009. "It Isn't Magic, It's Science." *Performance Improvement Quarterly*, 48(10): 18-24.

Burke, L.A., and H.M. Hutchins. 2008. "A Study of Best Practices in Training Transfer and Proposed Model of Transfer." *Human Resource Development Quarterly* 19: 107–28.

Burke, W., and G. Litwin. 1992. "A Causal Model Of Organizational Performance and Change." *Journal of Management* , 18: 523-545.

Chan, Y.E., S.L. Huff, D.W. Barclay, and D.G. Copeland. 1997. "Business Strategic Orientation, Information Systems Strategic Orientation, and Strategic Alignment." *Information Systems Research* , 8(2): 125-150.

Chevalier, R. 2003. "Updating the Behavioral Engineering Model." *Performance Improvement Quarterly* , 42(5): 8-14.

Christiansen, L.C., and M. Higgs. 2008. "How the Alignment of Business Strategy and HR Strategy Can Impact Performance." *Journal of General Management* , 33(4): 13-33.

Clark, R.E., and F. Estes 2000. *Turning Research Into Results: A Guide to Selecting the Right Performance Solutions.* Atlanta: CEP Press.

Craft, A., H. Gardner, and C. Claxton. 2015. "Nurturing Creativity, Wisdom, and Trusteeship in Education." In K. Chappell, T. Cremin, and B. Jeffrey (eds.). *Creativity, Education and Society: Writings of Anna Craft.* London: Institute of Education Press, 143-157.

Eisenhardt, K. 1998. "Decision Making and All That Jazz." In V. Papadakis and P. Barwise (eds.), *Strategic Decisions.* Norwell, MA: Kluwer.

Fitzgerald, L., R. Johnston, and S. Brignall. 1991. *Performance Measurement in Service Businesses.* London: CIMA Publishing.

Ford, J.K., S.L. Yelon, and A.Q. Billington. 2011. "How Much Is Transferred From Training to the Job? The 10% Delusion as a Catalyst for Thinking About Transfer." *Performance Improvement Quarterly* , 24(2): 7-24.

Gilbert, T. 1978. "The Behavior Engineering Model." In *Human Competence: Engineering Worthy Performance,* 73-105. New York: McGraw-Hill.

Gilley, J.W., A. Maycunich, and S.A. Quatro. 2002. "Comparing the Roles, Responsibilities, and Activities of Transactional and Transformational HRD Professionals." *Performance Improvement Quarterly* , 15(4): 23-44.

Gruman, J.A., and A.M. Saks. 2011. "Performance Management and Employee Engagement." *Human Resource Management Review* , 21(2): 123-136.

Guerra-López, I. 2008 *Performance Evaluation: Proven Approaches for Improving Program and Organizational Performance.* San Francisco: Jossey-Bass.

Guerra, López, I. 2013. "Performance Indicator Maps: A Visual Tool for Understanding, Managing, and Continuously Improving Your Business Metrics." *Performance Improvement Journal.*

Guerra-López, I. 2014. "Organizational Learning and Performance." In M. Spector (ed.), *Encyclopedia for Educational Technology.* Thousand Oaks, CA: Sage Publishing.

Guerra-López, I., and K. Hicks. 2015a. "The Participatory Design and Implementation of a Monitoring and Evaluation System in an International Development Environment." *Evaluation and Program Planning,* 48: 21-39.

Guerra-López, I., and K. Hicks. 2015b. "Turning Trainers into Strategic Business Partners." *TD at Work.* Alexandria, VA. ATD Press.

Guerra-López, I., and A. Hutchinson. 2013. "Measurable and Continuous Performance Improvement: The Development of a Performance Measurement, Management, and Improvement System." *Performance Improvement Quarterly* , 26(2).

Guerra-López, I., and M. Norris-Thomas. 2011. "Making Sound Decisions: A Framework for Judging the Worth of Your Data." *Performance Improvement Journal,* 50(5): 37-44.

Hicks, K. 2016. "Construct Validation of Strategic Alignment in Learning and Talent Development." *Performance Improvement Quarterly* , 28(4): 71-89.

Hammond, J.S., R.L. Keeney, and H. Raiffan. 1998. "The Hidden Traps in Decision Making." *Harvard Business Review,* September-October.

Hicks, K 2016. "Construct Validation of Strategic Alignment in Learning and Talent Development." *Performance Improvement Quarterly* , 28(4): 71-89.

Huselid, M.A., and B.E. Becker. 2000. Comment on "Measurement Error in Research on Human Resources and Firm Performance: How Much Error Is There and How Does It Influence Effect Size Estimates?" by Gerhart, Wright, McMahan, and Snell. *Personnel Psychology* , 53(4): 835-854.

Impact International. 2011. *Aligning Training With Corporate Strategy.* Whitepaper. www.impactinternational.com/aligning-training-corporate-strategy.

Jin, Y., M.M. Hopkins, and J.L.S. Wittmer. 2010. "Linking Human Capital to Competitive Advantages: Flexibility in a Manufacturing Firm's Supply Chain." *Human Resource Management* , 49(5): 939-963.

Kaplan, R.S., and D.P. Norton. 2004. "Measuring the Strategic Readiness of Intangible Assets." *Harvard Business Review* , 82(2): 52-63.

Kaufman, R. 1998. *Strategic Planning Plus: An Organizational Guide (Revised).* Newbury Park, CA: Sage Publishing.

Kaufman, R. 2004. "Seven Deadly Sins of Strategic Planning." ASTD Links. American Society for Training & Development, Alexandria, VA.

Kaufman, R. 2011. *The Manager's Pocket Guide to Mega Thinking and Planning.* Amherst, MA: HRD Press.

Kaufman, R.A. 2000. *Mega Planning: Practical Tools for Organizational Success.* Thousand Oaks, CA: Sage Publications.

Kaufman, R.A. 2006. *Change, Choices, and Consequences: A Guide to Mega Thinking and Planning.* Amherst, MA: HRD Press.

Kaufman, R., and R. Clark. 1999. "Re-Establishing Performance Improvement as A Legitimate Area of Inquiry, Activity, And Contribution: Rules of the Road." *Performance Improvement* , 38(9): 13-18.

Kaufman, R., and I. Guerra. 2002. "A Perspective Adjustment to Add Value to External Clients, Including Society." *Human Resource Development Quarterly* , 13(1): 109-115.

Kaufman, R., and I. Guerra-López. 2013. Alexandria, VA: ASTD Press.

Kaufman, R., R. Watkins, M. Stith, D. Triner. 1998. "The Changing Corporate Mind: Organizations, Vision, Missions, Purposes, and Indicators on the Move Toward Societal Payoffs." *Performance Improvement Quarterly* , 11(3): 32-44.

Kluger, A.N., and A. DeNisi. 1996. "The Effects of Feedback Interventions on Performance: A Historical Review, a Meta-Analysis, and a Preliminary Feedback Intervention Theory." *Psychological Bulletin* 119: 254-284.

Kotter, J. 1996. "Leading Change: Why Transformation Efforts Fail." *Harvard Business Review* , 73(2): 59–67.

Kraiger, K., D. McLinden, and W.J. Casper. 2004. "Collaborative Planning for Training Impact." *Human Resource Management* , 43(4): 337-351. DOI: 10.1002/hrm.20028.

Lewin, K. 1951. *Field Theory in Social Science.* New York: Harper and Row.

Luftman, J. 2003. "Assessing IT/Business Alignment." *Information Systems Management*, 20(4): 9-15.

Lynch, R.L., and K.F. Cross. 1991. *Measure Up! How to Measure Corporate Performance.* Cambridge, MA: Blackwell.

Maskell, B. 1992. *Performance Measurement for World Class Manufacturing: A Model for American Companies.* New York: Productivity Press.

Montesino, M.U. 2002. "Strategic Alignment of Training, Transfer-Enhancing Behaviors, and Training Usage: A Posttraining Study." *Human Resource Development Quarterly* , 13(1): 89-108.

Nankervis, A.R., and R.L. Compton. 2006. "Performance Management: Theory in Practice?" *Asia Pacific Journal of Human Resources* , 44: 83-101. doi:10.1177/1038411106061509.

Nathan, R.P. 2009. "Point/Counterpoint." *Journal of Policy Analysis and Management* 28: 496-516. doi:10.1002/pam.20232.

Neely, A., C. Adams, M. Kennerley. 2002. *The Performance Prism: The Scorecard for Measuring and Managing Business Success.* London: FT Prentice-Hall.

Niven, P.R. 2006. *Balanced Scorecard Step by Step: Maximizing Performance and Maintaining Results.* Hoboken, NJ: John Wiley & Sons.

Nutt, P. 2007. "Intelligence Gathering for Decision Making." *Omega* , 35: 604-622.

Nutt, P.C. 2008. "Investigating the Success of Decision Making Processes." *Journal of Management Studies* 45: 425-455. doi:10.1111/j.1467-6486.2007.00756.x.

Oracle. 2011. "Customer Experience Impact Report: Getting to the heart of Consumer and Brand Relationship." www.oracle.com/us/products/applications/cust-exp-impact-report-epss-1560493.pdf.

Paauwe, J. 2009. "HRM Performance: Achievements, Methodological Issues and Prospects." *Journal of Management Studies* , 46(1): 129-142. http://dx.doi.org/10.1111/j.1467-6486.2008.00809.x.

Porter, M. 1996. "What Is Strategy?" *Harvard Business Review.* November-December, 4-21.

Pound, J. 1995. "The Promise of the Governed Corporation." *Harvard Business Review.* March-April.

Pulakos, E.D., and R.S. O'Leary. 2011. "Why Is Performance Management Broken?" *Industrial and Organizational Psychology* 4: 146-164. doi: 10.1111/j.1754-9434.2011.01315.x.

Rummler, G.A., and A.P. Brache. 1995. *Improving Performance: How to Manage the White Space on the Organization Chart.* Jossey-Bass: San Francisco.

Singh, S., T.K. Darwish, A.C. Costa, and N. Anderson. 2012. "Measuring HRM and Organisational Performance: Concepts, Issues, and Framework." *Management Decision* , 50(4): 651-667.

Sleezer, K., J. Hough, and D. Gradous. 1998 "Measurement Challenges in Evaluation and Performance Improvement." *Performance Improvement Quarterly* 11(4): 62-75.

Smith, M. 2002. "Implementing Organizational Change: Correlates of Success and Failure." *Performance Improvement Quarterly* , 15(1): 67-83.

Ulrich, D., and W. Brockbank. 2009. "The HR Business-Partner Model: Past Learning and Future Challenges." *Human Resource Planning* , 32(2): 5-7.

Van Iddekinge, C.H., G.R. Ferris, P.L. Perrewe, F.R. Blass, T.D. Heetderks, and A.A. Perryman. 2009. "Effects of Selection and Training on Unit-Level Performance Over Time: A Latent Growth Modeling Approach." *Journal of Applied Psychology*, 94(4): 829.

Wells, D.L., R.H. Moorman, and J.M. Werner. 2007. "The Impact of the Perceived Purpose of Electronic Performance Monitoring on an Array of Attitudinal Variables." *Human Resource Development Quarterly* , 18(1): 121-138.

Wright, P.C., and M. Belcourt. 1995. "Costing Training Activity: A Decision Maker's Dilemma." *Management Decision* , 33(2): 5-15.